安徽财经大学服务安徽经济社会发展系列研究报告 2019

助力乡村振兴

——安徽农产品加工业发展研究报告 2019

胡登峰　张道刚　马蓓蓓　著

合肥工業大學出版社

图书在版编目(CIP)数据

助力乡村振兴:安徽农产品加工业发展研究报告 2019/胡登峰,张道刚,马蓓蓓著.—合肥:合肥工业大学出版社,2019.7

(安徽财经大学服务安徽经济社会发展系列研究报告 2019)

ISBN 978-7-5650-4554-7

Ⅰ.①助… Ⅱ.①胡…②张…③马… Ⅲ.①农产品加工—加工工业—产业发展—研究报告—安徽—2019 Ⅳ.①F326.5

中国版本图书馆 CIP 数据核字(2019)第 140910 号

助力乡村振兴

——安徽农产品加工业发展研究报告 2019

胡登峰 张道刚 马蓓蓓 著　　　　责任编辑 何恩情

出 版	合肥工业大学出版社	**版 次**	2019 年 7 月第 1 版
地 址	合肥市屯溪路 193 号	**印 次**	2019 年 7 月第 1 次印刷
邮 编	230009	**开 本**	710 毫米×1010 毫米 1/16
电 话	综合编辑部:0551-62903028	**印 张**	10
	市场营销部:0551-62903198	**字 数**	142 千字
网 址	www.hfutpress.com.cn	**印 刷**	合肥现代印务有限公司
E-mail	hfutpress@163.com	**发 行**	全国新华书店

ISBN 978-7-5650-4554-7　　　　总定价: 330.00 元

如果有影响阅读的印装质量问题,请与出版社市场营销部联系调换。

编　委　会

安徽财经大学科研工作始终坚持立足安徽做学问、服务安徽出成果，特别重视立足地方和行业需求构建多层次智库平台。安徽经济社会发展研究院是安徽财经大学设立的研究安徽经济社会发展的专门研究机构，拥有安徽省人文社科重点研究基地、省级协同创新中心、省教育厅智库和安徽省重点智库四个省级科研平台。这些平台优化资源配置、聚合科研力量，鼓励和引导教师围绕安徽省委省政府的重大发展战略选题，深入研究安徽经济社会发展中的重点、热点和难点问题，着力破解制约安徽地方经济社会发展的重大理论和现实问题，为建设特色鲜明的地方高水平财经大学提供了有益的智力支持，取得了较为丰硕的成果并积累了丰富的经验。安徽经济社会发展研究院努力实现在安徽经济发展方面的理论基础、政策研究与实践应用的紧密结合，打造成为立足安徽、面向全国的财经智库。

安徽财经大学每年出版的服务安徽经济社会发展系列研究报告是由安徽经济社会发展研究院组织相关学院的专、兼职研究人员编写出版。我校 2006 年公开出版服务安徽经济社会发展的首部研究报告——《安徽经济发展报告》，2007 年《安徽省县域经济竞争力报告》发布，2010 年《安徽省贸易发展研究报告》出版发布，形成我校服务安徽经济社会发展的三大品牌报告。至 2019 年，年度研究报告增至十部，主要包括：《安徽生态文明建设发展报告 2019——新安江生态补偿机制专题报告》《安徽投资发展研究报告 2019》《安徽贸易发展研究报告

2019》《安徽劳动就业与社会保障发展报告 2019》《安徽城市发展研究报告 2019》《助力乡村振兴——安徽农产品加工业发展研究报告 2019》《安徽财政发展研究报告 2019》《安徽县域经济竞争力报告 2019》《安徽养老服务业发展报告 2019》《安徽经济发展研究报告 2019》等。

安徽财经大学服务安徽经济社会发展系列研究报告坚持稳定、控制数量、不断提升质量的指导思想，通过进入退出机制、激励机制、分级分类机制、合作机制、运行机制、评价机制和发布机制的改革，政策影响力和媒体影响力日益扩大。2016 年，安徽经济社会发展研究院成功入围中国智库索引首批来源智库，并获大学智库指数排名中的普通高校第一名。根据《中国智库索引（CTTI）2018 年发展报告》，2018 年安徽经济社会发展研究院入选 CTTI 高校智库百强榜。

纵观这十部研究报告可以看出，报告的组织者与撰写者都付出了辛勤的劳动和不懈的努力。当然，我们也清醒地认识到，报告还存在这样或那样的缺点，与政府部门领导和社会各界对我们的期望还有相当大的差距，学校应当在智库建设方面做得更多、更好。我们坚信，只要坚持走下去，只要继续得到社会各界的关心和帮助，系列研究报告一定会越做越好！学校的智库建设也将结出更多的硕果！

安徽财经大学党委书记、校长　丁忠明

2019 年 4 月 20 日

当前我国农业基础差、底子薄、发展滞后的状况尚未根本改变，经济社会发展中最明显的短板仍然在“三农”领域，现代化建设中最薄弱的环节仍然是农业和农村。农产品阶段性供过于求和供给不足的问题并存，农村一、二、三产业融合发展的深度不够，农业供给质量和效益亟待提高；农民适应生产力发展和市场竞争的能力不足等问题比较突出。实施乡村振兴战略，推动产业兴旺是重点，既要产业生态化，又要生态产业化，让“绿水青山”真正变成“金山银山”。习近平总书记强调，要推动乡村产业振兴，紧紧围绕发展现代农业，围绕农村一、二、三产业融合发展，构建乡村产业体系，实现产业兴旺。深入贯彻落实习近平总书记重要指示精神，要着力在发展壮大农村产业上下功夫，以产业兴旺推进乡村振兴。

随着经济发展进入新阶段，农产品加工业快速发展面临难得的重大机遇，国内农产品加工业正处于快速发展的黄金期。这主要表现在四个方面：一是农产品相对过剩，为农产品加工业优化结构提供了难得的调整机遇；二是人民生活水平提高，食品消费更加注重安全卫生、营养保健，为农产品加工业发展带来了难得的市场机遇；三是资本、技术、人才等生产要素的跨地区跨部门跨行业流动日趋活跃，一大批民营企业正在加快发展，为后发地区加快培育农产品加工业市场主体创造了极为有利的合作机遇和发展动能；四是省政府高度重视发展农产品加工业，已经把发展农产品加工业提到了重要的位置，为农产品加工业加快发展提供了难得的政策机遇。

加快发展农产品加工业，不仅能带动和促进相关产业的发展，同时能显著提高人民群众的生活质量，对经济和社会发展都具有十分重要的作用。特别是对于安徽地区的农业来说，加快发展农产品加工业，有利于从根本上解决农产品相对过剩、需求不足这一难题，促进农业结构由适应性调整向战略性调整转变；有利于提高农业技术装备水平，提高农产品档次和质量，促进农业和农村现代化建设；有利于推动农民向二、三产业转移，推进安徽工业化和城镇化进程。必须牢固树立发展农产品加工业就是发展农业和农村经济，扶持农产品加工业就是扶持农民增收、农业增效的观念，把发展农产品加工业作为现代化五大发展美好安徽建设的重要内容，抢抓机遇，加大扶持的力度，助推其发展。

胡登峰

2019 年 5 月

MU LU

第一章　绪　论 ……………………………………………………………… (001)
　第一节　农产品加工业与农业产业化 …………………………… (001)
　第二节　农产品加工业与农民脱贫增收 ………………………… (002)
　第三节　农产品加工业与新型城镇化 …………………………… (003)
　第四节　农产品加工业与农村一、二、三产业融合 ……… (004)
第二章　国际农产品价格趋势及影响分析 ……………………… (005)
　第一节　国际农产品价格趋势分析 ……………………………… (005)
　第二节　国际农产品价格对国内农产品加工业的影响 …… (011)
第三章　安徽省各市农产品优势分析 ……………………………… (021)
　第一节　安徽省农业基础分析 …………………………………… (021)
　第二节　农产品总体情况分析 …………………………………… (025)
第四章　安徽省农产品加工典型行业比较分析 ………………… (035)
　第一节　安徽省白酒行业比较分析 ……………………………… (035)
　第二节　茶叶及加工产业发展分析 ……………………………… (037)

第三节 “水果加工强县”——砀山 …………………… (039)
第四节 “中药材加工基地”——亳州 ………………… (041)
第五节 徽竹加工企业集聚地——广德县 ……………… (044)
第五章 安徽省农产品加工业发展基础及竞争力评价 ………… (046)
第一节 安徽省农产品加工业发展环境分析 …………… (046)
第二节 安徽省农产品加工业分行业竞争力评估 ……… (050)
第三节 安徽省各市农产品加工业发展评价 …………… (058)
第六章 安徽省农产品加工龙头企业研究 ………………… (080)
第一节 国内农业产业化龙头企业研究 ………………… (080)
第二节 安徽省农业产业化龙头企业经营研究 ………… (082)
第七章 安徽省农产品加工业发展情况预测 ……………… (088)
第一节 预测方法介绍 …………………………………… (088)
第二节 安徽省总体发展情况预测 ……………………… (090)
第三节 各市发展情况预测 ……………………………… (093)
第八章 支撑安徽省农产品加工业发展的要素预测 ……… (096)
第一节 人力资源需求总预测及各市情况比较分析 …… (096)
第二节 电力需求总预测及各市情况比较分析 ………… (100)
第三节 水资源总预测及各市情况比较分析 …………… (105)
第四节 生态环境承载力预测及各市基本情况比较分析 … (117)
第九章 农产品加工业发展模式及借鉴 …………………… (122)
第一节 国外优势农产品加工业发展模式分析 ………… (122)
第二节 国内典型地区农产品加工业发展模式分析 …… (127)
第十章 皖北地区农产品加工业发展调研报告 …………… (130)
第一节 皖北地区农产品加工业发展现状 ……………… (130)
第二节 皖北地区农产品加工业发展存在的问题 ……… (138)
第三节 皖北地区加快农产品加工业发展的政策建议 …… (141)
参考文献 ……………………………………………………… (147)

第一章 绪 论

“十三五”时期是我国全面建成小康社会的决胜阶段。近年来，我国农产品加工业发展迅速，2017 年规模以上农产品加工企业主营业务收入达到 25.41 万亿元，占制造业的比例为 24.92%，农产品加工业与农业产值比达到 2.2：1，成为行业覆盖面宽、产业关联度高、中小企业多、带动农民就业、增收作用强的基础性产业。

安徽省作为农业大省，农业资源丰富，一直走农业产业化之路，农产品加工业有巨大的发展空间。以蔬菜、水果、肉蛋奶、水产品、中药材等农产品的生产、加工、仓储、物流为有效抓手，加强研发与创新，以农业产业化带动工业化、城镇化，走强市富民之路。加快推进农业供给侧结构性改革，充分发挥农产品加工业的带动作用，大力发展休闲农业和乡村旅游，促进农村一、二、三产业融合发展，是拓展农民增收渠道、构建现代农业产业体系、生产体系和经营体系的重要举措，是转变农业发展方式、探索中国特色农业现代化道路的必然要求，是实现“四化同步”、推动城乡协调发展、实现乡村振兴和伟大中国梦的战略选择。农产品加工业是衡量农业现代化水平的重要标志，是经济社会发展的重要支柱产业，也是保障国民营养安全健康的重要民生产业，同时在补短板、促融合、增收入、助脱贫中发挥了积极作用。

第一节 农产品加工业与农业产业化

乡村振兴战略的实施是为了更好地解决“三农”问题，即实现农业产业化、促进农民增收以及助推农村剩余劳动力有序转移等问题。

而我省农村地区由于基础设施薄弱、缺乏具有强带动能力的产业等原因，农业发展并未改变以往的小农生产零散、组织化程度低等特征。农产品的生产、加工、销售脱节，难以实现深加工或提高附加值，产业链难以向工业和服务业延伸。加快农产品加工业发展能够充分发挥当地特色农产品资源和区位优势，促进农业产业化发展。农产品加工业作为农业产业链的关键环节，是一、二、三产业融合发展、产供销对接及产学研、农科教结合的关键桥梁。农产品加工业一方面通过规模化、产业化发展倒逼农业向产业化、规模化、组织化、专业化等现代农业方向发展，促进产业兴旺；另一方面通过加大项目引进和整合力度，完善农村基础设施和其他社会事业。同时吸收农村剩余劳动力就地就业，提高当地农民的经济收入，减少“留守儿童”和“空巢老人”等社会现象。加快农产品加工业发展，有序地缓解了“三农”问题，有利于乡村振兴战略的实施。

第二节　农产品加工业与农民脱贫增收

广大农民收入增长缓慢，一是受农业生产成本上升、农副产品价格下行等因素影响，农民增收难度加大。尤其是皖北地区，集中了临泉县、阜南县、颍上县、砀山县、萧县、灵璧县等 10 个国家级贫困县和涡阳县、蒙城县、怀远县、太和县等 10 个省级贫困县，是安徽省扶贫开发工作的重点区域。2017 年安徽省农村人均纯收入约 12758 元，略低于全国平均水平 13432 元，低于江苏省农村人均可支配收入（约 19158 元）。二是农民出售原始农副产品和初级农副产品，他们所从事的产业加工链短，经营规模小，科技含量低，仅能向市场提供最初级的农副产品。通过发展农产品加工业，实现对农产品在生产、加工、流通过程中的增值，增加农民的直接收入和间接收入，给安徽省农产品主产区农民增收带来可持续发展的新路径。农产品加工业对原料的需求，在扩大农产品销路的同时，还起到保障价格乃至提高价格的作用，进而增加农民的农业经营收入。目前农村人均收入的9％[①]来自农产品加工业的工资性收入，如果加上关联产业，则比重更大。因此，发展农产品加工业，能够引导农户按照加工和市场需求组织生产，引领农业从生产导向转向消费导向，将拉长的农业产业链条细分出更多环节和空间，打造农民就业增收新模式，特别是对精准扶贫、精准脱贫起到积极的作用。

第三节 农产品加工业与新型城镇化

农产品加工业是通过保鲜、储藏、加工等环节，延长农业产业链、增加产品的附加值。安徽省是我国重要的农产品核心产区，农产品加工原料充足，具有发展农产品加工业的区位优势；同时安徽省人口较多，尤其是阜阳、宿州等市。2017年安徽省农村常住人口2909万人，占总人口比重为46.51％，流向省外半年以上人口约为1058万人，约占总人口的14.5％，并且流出的主要是农村的青壮年，人员的高速流动造成农村地区空心化、老龄化问题严重，影响农村工业化和新型城镇化发展。安徽省如何推进农业工业化和新型城镇化，成为实现乡村振兴战略的关键。通过发展农产品加工业，形成一批知名品牌和产业集群，把资源要素、就业岗位和附加价值留在农村、留给农民，为农村吸引人口聚集和公共设施建设，推动人口向小城镇、中心镇集中，找到解决农村空心化的出路，促进农村工业化、新型城镇化发展，对于统筹城乡经济社会发展具有十分重要的战略意义。

---

① 根据中华人民共和国农业部发布的相关数据。

第四节　农产品加工业与农村一、二、三产业融合

农村一、二、三产业融合发展的实质是农业种植、农产品加工、农产品相关服务业相互交叉、渗透，逐步融为一体，形成一个新产业。一、二、三产业融合通过充分利用农业资源，延长农业产业链，提高农业附加值，开发农业多种功能，形成农业产业新业态和商业模式，促进现代农业发展和农民持续增收。一产与二产的融合，即农产品的精深加工，始终是待补的“短板”，这也是安徽农产品出口业绩与农业大省地位不相称的主要根源。安徽作为农业大省，农产品虽有综合生产优势，但并未转化为市场竞争优势和出口创汇优势。农产品精深加工水平不高，是形成安徽这一落后局面的重要原因，因此提高安徽省农产品精深加工水平尤为重要。促进农产品精深加工，一方面需要通过龙头企业打通全产业链条促进要素融合、发展农业产业化联合体促进主体融合的模式；另一方面需要引导龙头企业集群集聚发展，促进产业融合，培育中药材、茶叶等特色主导产业，推动产业间跨界融合等途径，为农村一、二、三产业融合发展培育基础，为农民分享农村产业融合增值收益建立有效渠道。

第二章　国际农产品价格趋势及影响分析

第一节　国际农产品价格趋势分析

国际农产品市场受金融危机、生物能源、极端天气等多种因素影响，主要农产品价格呈现出阶段性大起大落、整体波动下行的趋势。

农产品首先是一种商品，供求关系的变化是导致国际市场价格波动的重要因素之一。从供给角度来看，影响国际农产品价格走势的因素有以下几点：一是主产区中国、印度、美国的气候变化对农产品产量的预估值影响明显，严重影响国际农产品价格走势；二是2014年中央“一号文件”提出，我国将探索建立粮食目标价格制度。粮食目标价格是在综合考虑生产成本、CPI指数、国内国际市场价格等因素的基础上预测出来的一个价格水平；农产品市场价格则由市场供求关系形成。粮食目标价格制度，即政府参照粮食目标价格、农产品市场价格的差价进行补贴。国内农产品价格保护，开始控制农产品进口量，由于中国是部分农产品进口大国，进口数量的变化对国际农产品价格产生重要影响；三是各国对自身农产品的政策调控，如中国政府减少棉花种植面积，同时增加国储棉投放数量，使得全球棉花产量下降，同时期末库存减少，对国际棉价产生较大影响；四是推广生物能源替代化石能源。工业农产品消费主要与生物能源有关，目前环境保护已成为发展的主要任务，生物能源的出现有利于代替不可再生的化石能源。生物能源生产成本较高，需要通过政策推动，若某国在化石能源价格较高时出台政策，鼓励生产生物能源，则会在一定程度上造成工业农产品消费的剧烈波动，进而影响国际价格。农产品及相关残留物作为生物能源的主要原料，国际价格受原油价格影响，原油价格上涨会刺激各国政府出台政策，促进农产品向生物能源转化，扩大需求量，助推农产品价格上涨。从需求角度来看，目前国际食用、饲用等农产品消费虽发生结构性的调整，但整体而言，需求呈现稳定趋势，因此对国际价格影响较小。

除供求关系影响国际农产品价格外，宏观经济对国际农产品价格的影响同样重要。作为必需的生活保障，农产品一直存在着刚性需求。然而随着经济飞速发展，除去生活需求以外，饲料使用、酒精、淀粉等生产需求占比逐步提升。如果在经济扩张期间，经济发展带动总需求，这些行业也纷纷扩张，对农产品的需求自然加大；如果在经济萎缩期间，需求萎靡不振，行业发展前景黯淡，对农产品的需求也在一定程度上被抑制，因此经济发展形势必然影响农产品供需关系，自然也就对农产品的期货价格产生影响。

宏观层面，国家通过不断调整农产品价格与收入政策、进口政策、动态库存管理[①]等供给管理政策和货币政策、汇率政策、贸易政策等需求引导政策及农产品市场机制建设政策，影响农产品价格（图 2－1），

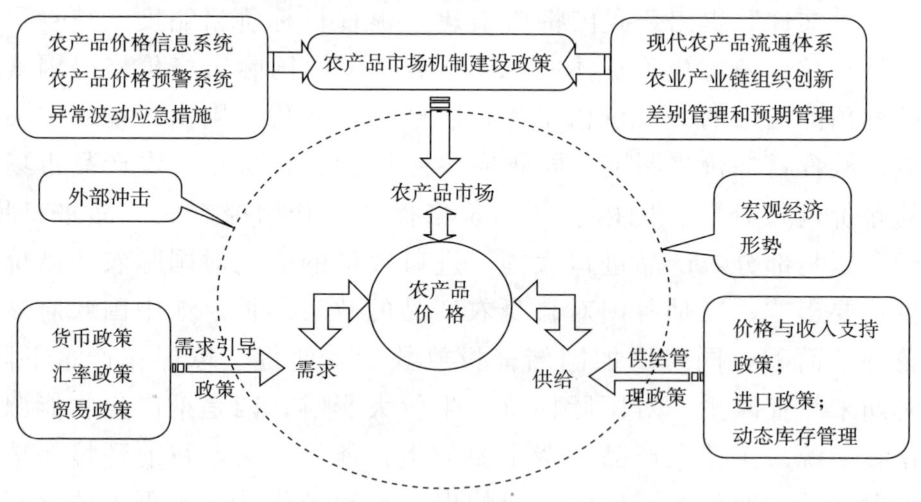

图 2－1 宏观经济下的农产品价格影响因素

① 动态库存管理是指为了防止诸如供应延迟或需求增加等不确定因素发生，通过动态调整农产品的库存量，实现市场供需平衡和价格稳定。

从三个方面影响农产品价格。虽然相对于工业品来说，宏观经济形势对农产品价格影响的敏感度和力度可能减弱一些，但是在分析农产品价格趋势时，同样不可或缺。

1990—2006 年，国际农产品价格指数基本呈现平稳发展的态势（图 2-2），未出现突增和暴跌情况。此后，国际农产品价格指数持续暴涨或暴跌，2007—2018 年，国际农产品价格指数波动比较明显。

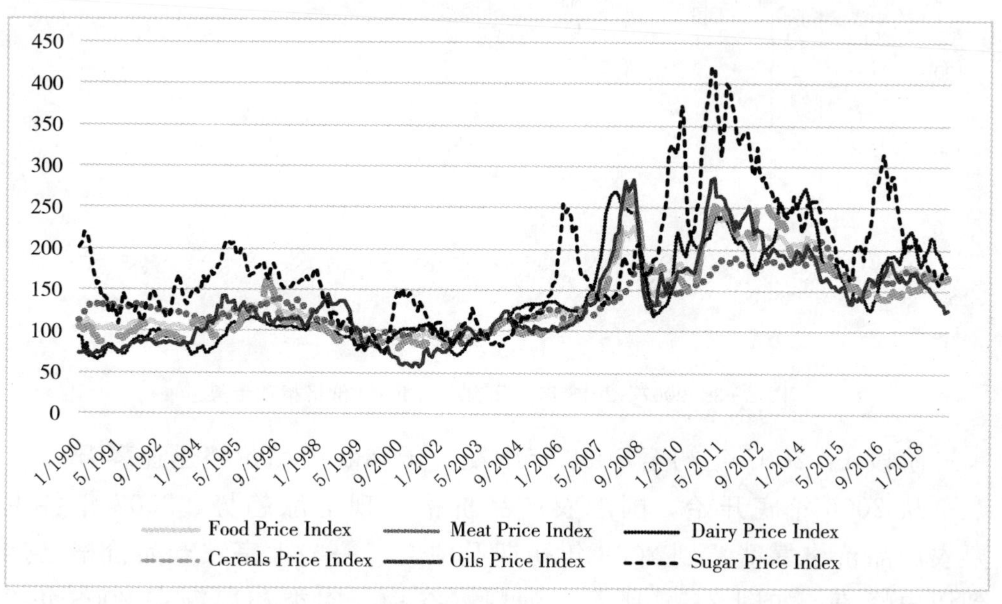

图 2-2　1990—2018 年国际农产品 FAO 价格指数变化图

数据来源：AMIS Market Database

近 10 年来，国际农产品 FAO 价格变化可分成 4 个阶段（图 2-3）：阶段 1 是暴涨期，指 2007 年初至 2008 年中期，主要农产品价格迅速攀升至最高点；阶段 2 是暴跌期，指 2008 年中期至 2009 年初，农产品市场价格“断崖式”下跌；阶段 3 是反弹期，指 2009 年初至 2011 年，国际农产品价格触底反弹；阶段 4 是下行期，指 2011 年至今，价格呈现波动下行的趋势。分析 2007—2018 年各阶段国际农产品价格波动原因，明确国内农产品价格及进出口所处的国际环境，有利于提出针对性对策，缓解国际农产品价格波动对国内的影响。

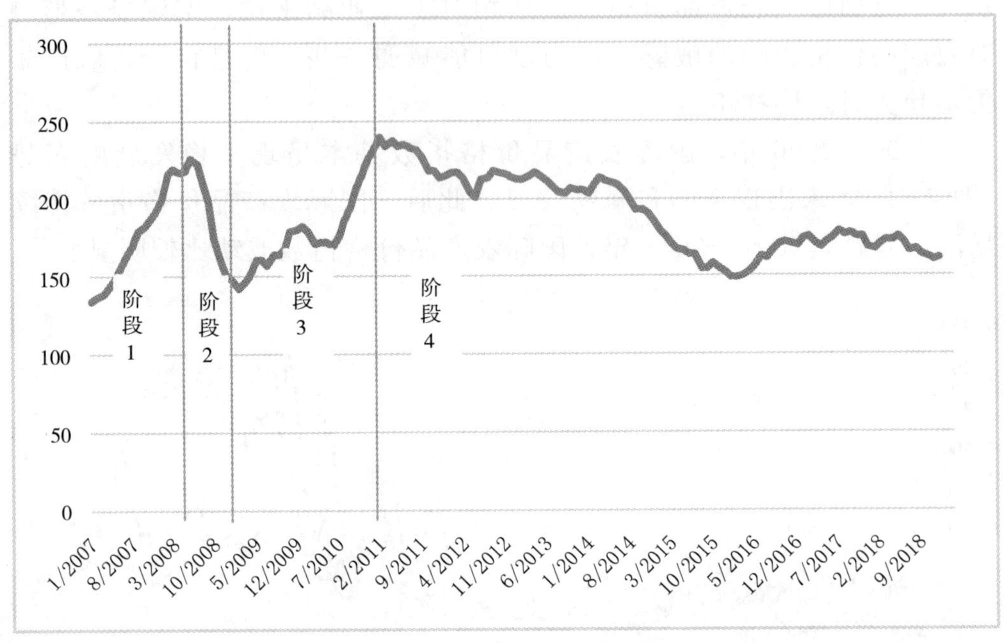

图 2-3 2007—2018 年国际农产品 FAO 价格指数走势

阶段 1：2007 年初至 2008 年中期，国际农产品价格迅速攀升。

从 2006 年底开始，国际农产品价格呈现上涨趋势，2007 年各主要农产品价格暴涨，到 2008 年初期及中期，一些大宗农产品价格已达到历史峰值。如图 2-4 所示，油料、谷物、肉类和原糖在 2008 年 7 月前后达到最高点，乳制品在 2008 年初达到最高点。

这个阶段国际农产品价格暴涨的主要原因是：(1) 国际农产品供需失衡。2006 年，经济快速增长带动农产品消费结构的调整，进一步拉动农产品需求，而不利气候导致部分农产品生产大国减产，出现供需紧张的现象，世界主要农产品库存有所下降（图 2-5）。(2) 高原油价格推动生物能源发展。该阶段原油价格出现上涨，部分国家出台推动生物能源发展的政策，通过生物能源联结农产品和能源间的价格影响通道，高原油价格促进生物能源发展，扩大对原糖、油料等生物能源原料的需求，进而影响国际农产品价格。(3) 宏观经济变动影响。2007 年美国次贷危机爆发，对全球金融市场形成冲击，经济不断扩张，农产品行业也纷纷扩张，对农产品的需求增加，国际价格上涨。

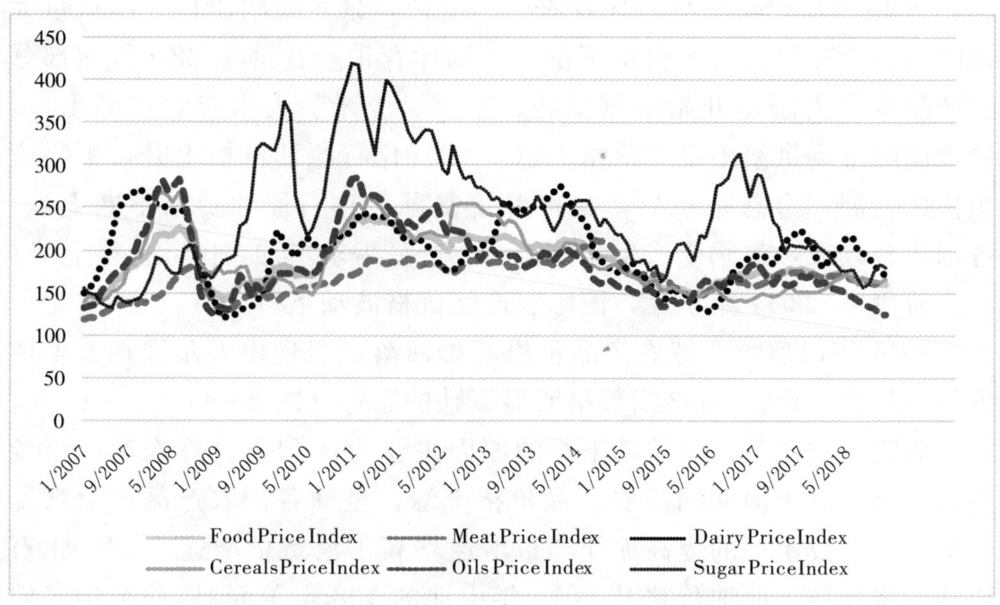

图 2-4 2007—2018 年国际各类农产品价格趋势图

数据来源：AMIS Market Database

阶段 2：2008 年中期至 2009 年初，国际农产品价格下跌。

从 2008 年中期开始，国际农产品价格在达到最高点后开始快速下跌，FAO 价格指数在 2009 年初期跌到最低点，跌幅超过 36%。

农产品价格暴跌的主要原因在于：（1）宏观经济调控。为缓解次贷危机影响，部分国家加强对市场的监管，经济扩张减弱，总需求降低，国际农产品价格快速下跌。（2）化石原油价格狂跌。原油价格从 2008 年中期的 132.6 美元/桶跌至年底的 41.5 美元/桶，跌幅为 68.7%，各国纷纷降低对生物能源的投入，导致农产品工业消费大幅降低，农产品价格下跌。

阶段 3：2009 年初至 2011 年，国际农产品价格反弹。

部分农产品国际价格在 2009 年初触底反弹，到 2010 年中期，以谷物、糖制品、油料为代表的农产品价格强劲反弹，尤其是糖类和谷物反弹剧烈。

该阶段价格反弹的原因主要是：（1）农产品供给降低。2009—

2010 年俄罗斯严重干旱，导致农产品减产，禁止谷物出口，出口量大幅降低。全球粮食生产再次下滑，谷物库存消费比降至 22.5%。部分农产品生产大国也开始限制棉花、小麦、玉米、大米等农产品出口，导致国际市场供给不足，价格上涨。（2）化石原油价格上升，生物能源快速发展。金融危机后，全球经济复苏，化石原油价格不断上涨，各国出台政策，鼓励生产生物能源，农产品需求增加，国际价格上涨。

阶段 4：2011 年至今，国际农产品价格波动下行。

2011 年以后，全球农产品价格开始回落，表现出偶尔波动、整体下行的趋势。FAO 价格指数呈明显下跌的态势（图 2-4）。

该阶段农产品价格波动下行的原因主要为：（1）全球农产品市场供大于求。由于前期国际农产品价格上涨，全球各国农产品产量恢复性增长，科技水平的提高促使产量增速略高于消费量增速。（2）化石原油价格狂跌。原油价格从 2014 年中期的 108.4 美元/桶跌至年底的 47.5 美元/桶，跌幅达 56.2%，2016 年初进一步跌至 29.9 美元/桶。各国纷纷降低对生物能源的投入，导致农产品工业消费大幅降低，农产品价格下跌。

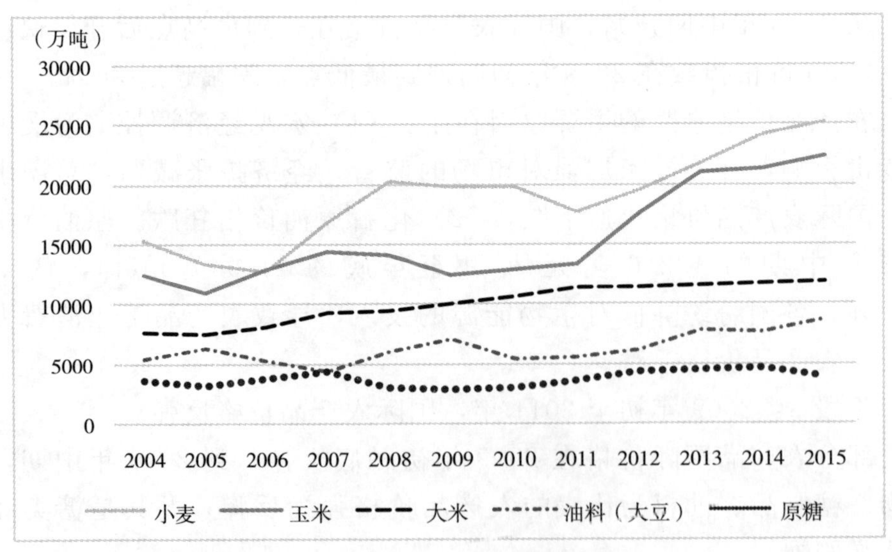

图 2-5 2004—2015 年世界主要农产品库存量

数据来源：美国农业部

第二节　国际农产品价格对国内农产品加工业的影响

近年来，国际农产品价格的剧烈波动引起世界各国的广泛关注，中国作为农产品进出口大国对此十分关心，一些学者对国际农产品价格变动进行跟踪研究。农产品价格稳定涉及整个国民经济运行的稳定性，是世界各国农业宏观管理的核心问题。随着我国农产品市场的开放程度进一步扩大，除了国内供求关系以外，国际农产品价格对国内农产品进出口的影响不断加大。进出口贸易是连接农产品国际价格与国内进出口的主要通道，因此选择肉类、乳制品、谷物、油料及糖类等农产品作为代表，分析国际农产品价格指数变动对国内农产品进出口以及农产品加工业的影响。

一、国际农产品价格变动对国内农产品进出口的影响

供需关系、原有价格、农业生产成本等因素影响国际农产品价格，2007 年国际农产品价格波动较大，国内农产品市场受到一定程度的影响，以油料为例，图 2 - 6 为 2007—2017 年油料国际价格指数与我国油料进出口趋势，可以看出 2007—2008 年中期前，我国油料进口量逐步增加；随着油料国际价格的增长，2009 年出现油料进口量下跌的情况；随后在国际价格不断变动中呈现波动上升的趋势。油料进口则不受国际价格影响，进口量稳定在一定的范围内。

农产品价格指数是反映不同时期农产品价格水平的变化方向、趋势和程度的经济指标，按范围的不同分为：个体指数，反映某一种商品价格水平升降程度的指数；类指数，即分类商品价格指数，反映某一类商品价格水平升降程度的指数；总指数，反映全部商品价格总水平升降程度的指数。

国际肉类价格指数、国际乳制品价格指数、国际谷物价格指数、国际原糖价格指数、国际油料价格指数与 FAO 农产品价格指数的变化趋势相对一致，为了更清楚地分析国内农产品进出口与国际价格波动

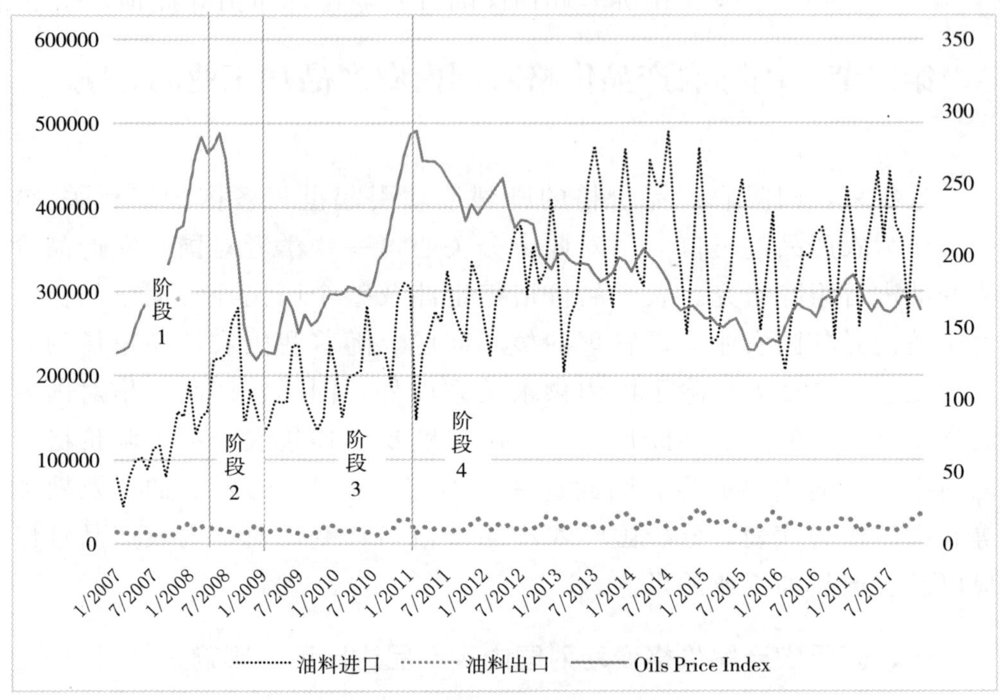

图 2-6 2007—2017 年油料国际价格指数与我国油料进出口趋势

注：纵坐标左轴为油料价格指数，纵坐标右轴为油料进口与油料出口。

间的关系，根据国际价格指数变动四阶段对五种农产品价格与国内农产品进出口进行相关性分析，运用 stata 统计分析软件，通过比较肉类、乳制品、谷物、油料和原糖等农产品市场变化与相关产品国际价格指数变动关系①，分析国际价格指数对国内市场及进出口的影响（表 2-1）。其中，阶段 1 是指 2007 年初至 2008 年中期，代表整个国际农产品价格指数迅速攀升至最高点的过程；阶段 2 是指 2008 年中期至 2009 年初期，代表国际农产品价格经历最高点后的暴跌过程；阶段 3 是指 2009 年初期至 2011 年初期，代表国际农产品价格在达到最低值后的整个反弹过程；阶段 4 是指 2011 年初起至 2018 年末，代表国际

① 为针对各类农产品进行研究，此处分析的是国际肉类 FAO 价格指数与国内肉类进出量、国际乳制品 FAO 价格指数与国内乳制品进出口量、国际谷物 FAO 价格指数与国内谷物进出口量、国际糖原糖 FAO 价格指数与国内原糖进出口量、国际油料 FAO 价格指数与国内油料进出口量的相关性。

农产品价格在上升后的稳步下行过程。

表 2-1 国际价格指数与国内农产品进出口相关性分析

	FAO 价格指数[①]（肉类、乳制品、谷物、糖类、油料）			
	阶段 1	阶段 2	阶段 3	阶段 4
肉类出口	−0.0052＊＊＊	−0.0021＊＊＊	−0.0008	0.0043＊＊＊
肉类进口	−0.0185	0.0416	0.3611＊	−0.0801＊
乳制品出口	0.0126＊＊＊	0.0104＊＊	0.0182＊＊	−0.0060＊＊＊
乳制品进口	0.0028	−0.0042＊＊	0.0005	0.0002＊
谷物出口	−0.0023＊＊＊	−0.0019	0.00024	0.0002
谷物进口	0.0016	−0.0008	0.0012＊	−0.0006＊＊＊
糖类出口	−0.0100＊	0.0016＊	0.0029＊＊＊	0.0051＊＊＊
糖类进口	−0.0005	−0.0012	−0.0065＊＊	0.0001
油料出口	−0.0009	0.0009	0.0011	−0.0003
油料进口	0.0001	0.00024＊	−0.00008	0.00003

从相关分析结果可以看出，在不同阶段，价格指数[②]变动对国内农产品进出口的影响存在一定差异，这与各阶段国际和国内经济形势、农业发展密切相关，因此需要分阶段进行分析。

阶段 1：

肉类。在该阶段，国际肉类价格指数对肉类出口呈显著负相关关系，随着国际肉类价格不断攀升，我国肉类出口量将降低。在 2007 年之前，国际肉类价格指数一直呈现稳步上升的趋势，且我国肉类出口在国际市场上占据一定的位置。2007 年起，肉类价格指数呈现高速增长的态势，各国企业纷纷扩大肉类生产及出口规模，提高国际市场肉类供给量。同时由于 2008 年初期气候恶劣，影响国内供给，进而影响我国肉类出口市场。而我国肉类进口量则并未受国际价格指数的影响，

① FAO 价格指数是指联合国粮食及农业组织统计的食品价格指数，是衡量“一揽子”食品类商品国际价格月度变化的尺度。它由肉类、奶类、谷物、油料、原糖等五个商品类别价格指数的加权平均数构成，为 2002—2004 年各商品类别的平均出口贸易比重。

② 此处使用的农产品价格指数为类指数。

主要原因是我国肉类进口量较小，且受品种、品质等因素影响。

乳制品。分析结果显示，乳制品出口量与国际乳制品价格指数呈显著正相关关系，即国际乳制品价格上涨，国内乳制品出口量增加；而乳制品进口量则不受国际价格变动的影响。自我国加入 WTO 后，中国市场成为其他国家争相进入的“蓝海”，如澳大利亚、新西兰等乳制品大国通过反复降低乳制品价格，导致中国乳制品关税降低，为他们打进中国乳制品市场提供有利条件。同时，中国相关企业开始扩大生产能力，抢占市场；一些非乳制品企业也开始涉足乳制品加工业，如浙江省娃哈哈集团、宁夏新百货公司和四川希望集团等，国内竞争态势初步形成。部分国外企业通过占据乳制品产业链其他环节，提高利润，如瑞士雀巢、日本森永、意大利帕玛拉特等，先后在黑龙江建立了奶源基地和生产基地，并且通过合资、收购、租赁以及委托加工等手段控制当地奶源，以获得利益最大化。随着国际乳制品价格的不断攀升，国内乳制品企业踏入国际市场，一些拥有独立奶源的企业则通过延长产业链环节，在国际市场上占据一定地位，不断增加出口量。相对于出口量，国内乳制品进口量则并未受国际价格变动影响，主要原因在于自我国加入 WTO 后，一些国际大型乳制品企业通过合资、并购等形式入驻国内，并占据一定国内市场，因此其他乳制品企业在国内市场较小，进而导致乳制品进口量呈现相对稳定的态势。

谷物。分析结果显示，国内谷物出口量与国际谷物价格呈显著负相关关系，即国际价格上涨，国内谷物出口量降低；而国内谷物进口量则不受国际价格变动影响。2006 年由于气候原因，谷物等粮食产量有所下降，国际市场供不应求，导致谷物的国际市场价格上涨。2007—2008 年中期，我国出现雪灾、地震等自然灾害，影响谷物亩产量，同时随着我国经济快速增长、粮食消费结构调整拉动农产品需求的强劲增长，对谷物的需求不断增大，因此出口量有所降低。从该阶段起，我国谷物进口量不断增加，进而形成以进口为主的态势。

原糖。分析结果显示，国内原糖出口量与国际原糖价格呈负相关关系，即国际价格上涨，原糖出口量下跌；而原糖进口量则不受国际价格变动影响。随着我国工业的不断发展以及生物质能源的研发及应用，原糖的使用量在不断增加，国内原糖生产地主要集中于华南地区，产量难以满足国内工业发展的需求，需要大量进口，因此无论国际价格如何变动，国内原糖进口量不受影响。由于国际市场价格上涨，国内需求较大，该阶段国内原糖出口量下降，以满足国内需求。

油料。分析结果显示，国内油料进出口不受国际油料价格变动影响。主要原因在于，2000 年以来，有绿色能源之称的生物能源逐步出现在大众视野，与传统的石油能源不同，它具有可再生性和环保性。正是由于生物能源的诸多优势，各国也开始投入使用，生物能源的发展打通了农产品和能源之间的价格通道。原油价格提高促进了生物能源发展，拉动了对生物能源原料——油料的消费，而这种消费又是必不可少的，即使原料成本上涨，但相较于其他传统石油能源，生物能源的优势仍较为凸显，因此原料国际价格的变动很难影响原料的进口量和出口量。

阶段 2：

肉类。分析结果显示，国内肉类出口与国际肉类价格指数呈显著负相关关系，即国际肉类价格指数下降，肉类出口量增加。主要原因在于 2007 年至 2008 年中期，国际肉类价格上涨明显，国内畜牧业养殖规模不断扩大，2008 年下半年价格暴跌，国内肉类供大于求，因此即使国际肉类价格下跌，供大于求的现实情况迫使相关企业加大出口量，而国际市场也会因价格降低增加进口量，实现低成本引进。但由于要保障国内企业及养殖户的利益，国际价格变动对肉类出口的影响减小。而肉类进口量则基本不受国际价格变动的影响，主要原因是我国肉类国内市场供给量大，进口量较小，且进口肉类品种、品质等国内市场难以替代，因此受价格影响不显著。

乳制品。分析结果显示，国内乳制品出口量与国际乳制品价格呈显著正相关关系，即国际乳制品价格降低，国内乳制品出口量也降低。主要原因是 2008 年三聚氰胺事件爆发，三鹿、蒙牛、雅士利、伊利等国内知名品牌泥足深陷，消费者对国产奶粉的信任跌入谷底，次年婴幼儿奶粉进口量迅速增长；同时由于国际乳制品原材料价格呈现降低的态势，而国内原材料价格持续上涨，形成鲜明对比，两者间的性价比差异日益缩小，导致企业采用国内奶源成本升高，利润降低，更多乳制品加工企业选择国际奶源，促使本土竞争力减弱，国内乳制品出口量降低。相较于出口量，乳制品进口量则与国际价格呈显著负相关关系，即国际乳制品价格降低，国内进口量增加。主要原因在于国内消费者对乳制品的需求不断上升与对国内乳制品的失望以及国际乳制品价格突降，导致国际乳制品企业迎来暖春，进口量不断增加。

谷物。分析结果显示，国内谷物进出口量不受国际谷物价格变动的影响，主要原因在于进入2000年以来，我国人口数量快速增加，居民人均直接谷物消费[①]所需耕地面积呈下降趋势，而人均间接谷物消费所需耕地面积呈上升趋势；虽然我国人均谷物总消费所需耕地面积保持相对稳定，但由于人口总量的增长，我国居民谷物消费所需耕地总面积急速上涨；同时在人口高峰时期，谷物需求将大幅增长，而国内谷物所需耕地面积难以满足人口需求和工业发展需求，因此需要通过进口满足不同品种的需求。

原糖。分析结果显示，国内原糖出口量与国际原糖价格呈正相关关系，即国际原糖价格下跌，国内原糖出口量下降；而原糖进口量则不受国际价格变动影响。随着我国工业的不断发展以及生物能源的应用，对原糖的需求量不断增加，国内原糖原料生产地主要集中于华南地区，产量难以满足国内工业发展不断增加的需求，需要大量进口，因此无论国际价格如何变动，国内原糖进口量将不受影响。随着国内需求及原糖国际价格的上涨，国内原糖原料种植规模不断扩大，原糖供给逐步增加，为与国际原糖市场接轨，我国原糖出口量不断增加，由于国际市场价格下降，国内原糖的出口量在该阶段呈现下降趋势。国内原糖需求量较大，且当前出口量比以往多，因此随着国际价格的下跌，国内原糖出口量有所下降。

油料。分析结果显示，国内油料出口不受国际油料价格变动影响，国内油料进口量与国际油料价格指数呈正相关关系，即国际油料价格

---

① 直接谷物消费指直接提供给人们食用的谷物；间接谷物消费包括畜牧业中用作饲料的饲料谷；用于加工酒类、调料、糕点、燃料等加工谷物；农业生产中用作种子的谷物。

下跌，国内油料进口量下降。我国油料进口量较大，是出口量的5～10倍。但由于油料价格上涨较快，从2007年开始国内农户增加油料种植面积，油料产量大增，国内生物能源及工业发展供给量增加；同时从2008年中期到年末，受金融危机的影响，国内一些企业面临被跨国公司、外资企业收购的局面，无暇顾及生产活动，进而导致国内油料进口量有所下降。

阶段3：

肉类。分析结果显示，肉类出口量与国际肉类价格变动没有关系，肉类进口与国际肉类价格指数呈正相关关系，即肉类国际价格指数上涨，肉类进口量增加。随着我国在世界经济地位的稳固，贸易对象逐渐增加且多元化；国内外肉类差价逐渐增大，相关产品税后价格也低于国内肉类价格，因此进口量逐渐增加。

乳制品。分析结果显示，国内乳制品进口与国际乳制品价格变动无关；而乳制品出口与国际乳制品价格指数呈正相关关系，即国际乳制品价格上涨，乳制品出口量增加。随着三聚氰胺事件的发生，国内企业都加紧对自身乳制品的监督，部分企业注重乳制品安全和质量，产量开始下滑，剩余的原料开始输送至国外。由于消费者对国内乳制品的失望尚未消失，对国外乳制品的需求并不会因价格变动而改变，因此国际价格上涨并未影响国内乳制品进口；同时国际市场对原奶的需求及国内过剩的奶源，促使原奶出口量不断增加。

谷物。分析结果显示，国内谷物出口与国际谷物价格指数无相关性；而谷物进口则与国际谷物价格呈正相关关系，即国际谷物价格上涨，谷物进口量增加。由于全球市场供应充足，主要出口国生产成本低，国际谷物与国内同类产品间出现价差，加上我国关税水平低，这些农产品到岸的税后价格也大幅低于国内价格，同时国内对谷物的需求量较大，因此该阶段国内谷物进口量不断增加，而谷物出口量并未受国际价格变动影响。

原糖。分析结果显示，国内原糖出口与国际原糖价格指数呈正相关关系，即国际原糖价格上涨，出口量增加；而原糖进口与国际原糖价格呈负相关关系，即国际原糖价格上涨，出口量减少。自2008年以来，国外一些地区的自然灾害，使国际原糖产量大幅减少，巴西和印度等原糖主产国的出口量减少，导致国内原糖进口量减少；此时国内原糖产量达近年来最高，因此出口量增加。

油料。分析结果显示，国内油料进出口均不受国际油料价格变动的影响。由于主要油料依赖进口，国内缺乏定价权，行业竞争激烈。我国对大豆等油料的需求量较大，且以进口为主，因此在无其他重大事件发生时，国际价格稳中下调对进出口并无影响。

阶段 4：

肉类。分析结果显示，国内肉类出口与国际肉类价格指数呈显著正相关关系，即国际肉类价格下跌，国内肉类出口量减少；而肉类进口量则与国际肉类价格指数存在负相关关系，即国际价格下跌，肉类进口量增加。抛开进口来源国增加等因素，内外价差是影响进口量的重要因素。自 2011 年以来，国内猪价大涨，内外价差明显扩大，国内进口量激增，在 2016 年创下历史新高。

乳制品。分析结果显示，乳制品进口量与国际乳制品价格指数呈显著负相关关系，即国际价格下跌，乳制品出口量增长；乳制品进口与国际乳制品价格呈正相关关系，即国际价格下跌，乳制品出口量下降。2011—2013 年，进口乳制品消费需求持续增加，之后跨境电商、海淘借势兴起，乳制品进口渠道多元化，国内乳制品企业通过电商等网络平台销往海外，并形成一定的知名度，出口量逐步增加。2013 年 9 月，国家质量技术监督局对婴幼儿配方乳粉等乳制品的境外生产企业实施注册制，受监管收缩影响，2014 年乳制品进口量与 2013 年持平。而近几年国际乳制品价格略微回涨，国内消费升级带来进口乳制品需求，乳制品进口增速强势恢复。2016 年我国进口婴幼儿奶粉 22.13 万吨，同比增长 25.8％；价值 30.09 亿美元，同比增长 21.8％。

谷物。分析结果显示，国内谷物出口量与国际价格变动无关；而国内谷物进口量与国际价格指数呈显著负相关关系，即国际价格下跌，国内谷物进口量增加。由于全球市场供应充足，主要出口国生产成本低，国际大米等农产品在 2013 年与国内同类产品存在较大价差，加上我国关税水平低，这些农产品到岸的税后价格也大幅低于国内价格，就算是配额外的关税进口税后价格也低于国内价格，因此该阶段国内谷物进口量不断增加，而谷物出口量并未受国际价格变动的影响。

原糖。分析结果显示，国内原糖出口量与国际原糖价格呈正相关关系，即国际原糖价格下跌，原糖出口量减少；而原糖进口量则不受国际原糖价格变动影响。随着我国工业的不断发展以及生物质能源的研发及应用，原糖的使用量在不断扩大，国际价格也出现回落现象，因为种类、品质以及国际贸易等因素，无论国际价格如何，国内原糖进口量将不受影响。作为生物能源的重要原料，糖价自 2010 年高点之后一路下行，从而导致主产国产糖动力不足，全球糖市自 2013 年开始进入减产周期。2015—2016 年，全国的糖产量减少至 1000 万吨左右，糖出口量也有所减少。

油料。分析结果显示，国内油料进出口均不受国际油料价格变动的影响。由于受主要原材料（油料）进口依赖，国内缺乏定价权，行业竞争激烈。我国对大豆等油料的需求量较大，且以进口为主，因此在无其他重大事件发生时，国际价格对进出口并无影响。

二、国际农产品价格变动对国内农产品加工业的影响

国际农产品加工业发展已经成为国家竞争战略的重要组成部分，例如正在实施的对美及对加农产品进口策略，表明中国更加注重农产品质量，鼓励国内农产品来源的多渠道化。国际农产品价格波动，不同程度地影响国内农产品及加工产品的进出口。农产品价格波动主要是由于农业生产的周期性与原材料供给短期的不可调整性及易受影响性，2000 年以来，一些大宗农产品价格变动巨大，时常出现短期内暴涨、暴跌等现象，尤其是 2006—2010 年，由于气候变化、生产成本上涨、生物能源的开发及期货市场投机等因素影响，大宗农产品接连涨价，价格波动较大。

农产品规模化加工已成为全球化发展中的重要布局。以油料为例，由于受原材料的进口依赖，国内缺乏定价权，行业竞争激烈。数据显示，当前全球大豆年产量为 3.1 亿吨左右，主要的大豆生产国为美国、巴西和阿根廷。中国大豆消费约 1.1 亿吨，约占全球消费量的 1/3。

2017 年中国的大豆进口依赖度接近 85%，其中排名在中国进口前三位的大豆出口国依次为巴西（53%）、美国（34%）和阿根廷（7%）。中国是美国大豆出口的第一大国家，2017 年占其出口总量的 58%。受贸易摩擦的影响，近期中国从美国直接进口的大豆数量一直下降，从巴西等主流国家的进口量在增加。当前全球的大豆库存消费比维持在 25%左右，中国的库存消费比为 18%，高于美国，但是低于阿根廷和巴西。从自给率来看，中国当前的数值为 12%，低于美国、巴西和阿根廷[①]。中国的大豆消费主要是压榨及豆制品消费，进口大豆得益于价格低及出油率高，已经在压榨市场上占据了绝对的优势地位。大豆压榨得到的产品是豆油和豆粕，豆油是三大油脂中最重要的一类，而豆粕是饲料蛋白的主要来源。原材料价格波动则会导致毛利率波动较大，短期利润波动较大，进而影响国内相关企业。从大豆压榨加工企业的角度来看，加工原料主要依靠进口大豆，国际豆价是影响国内相关加工企业经营成本的最直接因素。

农产品加工业务的原料价格和产品价格出现波动，中小企业抗风险能力相对较弱，而集团化企业将通过产业链经营和资金优势等，提高综合抗风险能力和市场竞争力，将逐渐兼并整合小规模的加工企业，行业集中度将快速提升。棉籽、油葵等小油种压榨企业集中度偏低，同时由于大多数企业单一经营，对市场风险的抵御能力相对较差，在市场价格剧烈波动时难以控制经营风险。行业内企业将通过直接和间接的方式，在稳定上游原料的采购渠道和原料培植基地的基础上，在下游饲料产业渗透，因此行业内企业实施产业链延伸以增强风险抵御能力成为未来的发展趋势。

总体来看，我国农产品加工水平不高，与国外差距较大。当前，我国农产品加工率约为发达国家的 80%，果品加工率约为发达国家的 70%，肉类加工率约为发达国家的 60%。因此想要缓解国际农产品价格变动带来的影响，需要增强国内相关农产品的定价权，提高国内农产品精深加工水平，注重质量与安全，同时要促进农产品加工业规模化生产。

---

① 数据来源：《中国农产品进出口月度统计报告》。

第三章　安徽省各市农产品优势分析

安徽省自然条件优越，土地资源丰富，拥有约14万平方千米的土地，其中耕地面积超过5万平方千米，约占土地总面积的41%；林地面积超过3万平方千米，约占土地总面积的26%[①]。

第一节　安徽省农业基础分析

安徽省作为农产品产量巨大的农业大省，2017年农作物总播种面积达8853.64千公顷，粮食总产量达3476万吨，实现增产58.6万吨；蔬菜产量达2892.14万吨，实现增产117.45万吨；瓜果产量754.59万吨，实现增产16.39万吨。畜产品产量396.34万吨，水产品产量217.96万吨，油料产量208.37万吨，蛋类产量146.23万吨，奶类产量31.94万吨。从整体的发展趋势来看，安徽省一直以粮食、蔬菜种植为主，农产品产量不断增长。

一、农业资源概况

安徽位于中国华东腹地，地跨长江、淮河、新安江三大流域，区位优势明显，农业资源和农产品资源丰富，是襟江近海的农业大省。全省面积约占全国总面积的1.5%。全省户籍人口约为7000万人，常住人口约为6300万人，其中乡村常住人口约为2900万人。农业气候条件适宜，年平均气温14℃～17℃，年平均降水量700～1700毫米，年无霜期200～250天。农业品种资源丰富，森林覆盖率为28.65%，

① 本章相关数据来源：安徽省农业农村厅、安徽省统计局发布的数据及安徽各市统计年鉴。

生物资源10000多种，水资源总量约为716亿立方米。地形地貌南北迥异，复杂多样，长江、淮河分别流经安徽416千米和430千米，平原、丘陵、山地面积各占三分之一左右。

二、种植业生产

安徽是全国粮食主产省。常年农作物种植面积超过1.3亿亩。其中，粮食作物面积占75%以上，居全国第4位；粮食总产量约为3500万吨，居全国前列。2017年，安徽粮食作物主要有小麦、稻谷、玉米、大豆、薯类和其他旱粮作物，其中小麦常年播种面积约为3650万亩，总产量约为1400万吨；水稻常年播种面积约为3450万亩，总产量约为1450万吨；玉米常年播种面积约为1300万亩，总产量约为500万吨；大豆常年播种面积约为1250万亩，总产量约为130万吨。大宗经济作物主要有油菜、棉花、蔬菜等，其中，油菜籽常年播种面积约为700万亩，总产量约为110万吨；棉花常年播种面积约为250万亩，总产量约为16.5万吨；蔬菜常年播种面积约为1418万亩，总产量约为2892万吨，其他如茶叶、蚕茧、水果、中药材等都是重要的经济作物。

三、畜牧业生产

安徽是全国畜牧业大省。近年来，安徽通过深入实施畜牧业升级计划，推进畜牧业绿色低碳循环发展，畜牧业现代化进程加快。2017年全省肉蛋奶总产量达574.4万吨（安徽省统计局调整后的数据），其中肉类396.3万吨、蛋类146.2万吨、奶类31.9万吨；产值1285.7亿元，占农业总产值的比重达27.2%。肉蛋奶总产量和家禽、生猪出栏量常年分别位居全国第11位和第6位、第11位。全省共有44个畜禽品种资源，皖西白鹅、淮猪、安庆六白猪、皖南黑猪和中蜂等5个品种被列入国家级保护名录。全省畜禽良种覆盖率达91%。全省拥有国家生猪调出大县21个，共创建部、省级畜禽养殖标准化示范企业652家，畜禽规模养殖比重达57.4%（按国家新提高的规模养殖标准测算）。近年来，畜禽养殖废弃物资源化利用速度加快，2017年全省畜禽粪污综合利用率达到69.1%，畜禽规模养殖场（小区）粪污处理设施装备配套率达到83.3%。全省划定畜禽禁养区2627个，2017年底已全面完成禁养区内7654家畜禽养殖场的关闭或搬迁工作。全省强制免疫、监测预警、应急处置、区域化管理等动物疫病防控的长效机制基本建成。

四、渔业生产

安徽是中国淡水水产品的主产省，2017年渔业经济总产值达840亿元，渔民人均纯收入16887元，水产品总产量达240万吨，位居内陆省份第4位，57个市县的水产品年产量达万吨以上。近年来，安徽通过推进生态健康养殖，调整并优化品种结构，虾蟹、鳜鱼、龟鳖、泥鳅、黄鳝以及湖库有机鱼实现标准化、规模化、产业化养殖，名特优质水产品养殖面积扩大到460万亩，全省稻渔综合种养面积达到90万亩，休闲渔业快速健康发展，已创建国家级休闲渔业示范基地31个，安徽成为长三角地区重要的优质水产品生产供应基地。

五、农业科技

加速农业科技创新，加强农业科技进步，深化农业科技成果转化和推广应用改革，支撑现代农业发展，助力乡村振兴。近年来，安徽省通过构建“十字形”架构的15个现代农业产业技术体系，农业科技协同创新迈出新步伐。通过深化农技推广体系改革建设、率先探索公益性推广机构与经营性服务融合发展机制、率先开展“农民满意的农技员”评选活动、建立健全以“包村联户”为主要形式的农技推广服务责任制，农技推广服务取得新成效。通过实施新型职业农民培育工程，逐步建立健全教育培训、认定管理、政策扶持“三位一体”的培育制度体系，培养了一大批爱农业、懂技术、善经营的新型职业农民，农业从业者培养步入新阶段。2012年以来，全省每年近1.4万名基层农技人员开展包村联户服务，包村1.4万个，指导服务生产大户14万户，指导服务农作物5亿亩次以上。2014—2017年，安徽累计培训新型职业农民15.66万人。2017年农业科技进步贡献率达62%，比2012年提高6.5个百分点，约高于全国平均水平4个百分点。

六、农机化发展

近年来，安徽省农机化工作以“提质增效转方式、稳粮增收可持续”为主线，着力落实强农惠农富农政策，深入推进农机化供给侧结构性改革，加快促进农机农艺农信融合，农机化发展取得显著成效，为粮食增产、农业增效和农民增收提供了有力的支撑。2017 年，全省农机总动力达到 7024 万千瓦，居全国第 4 位；农作物耕种收综合机械化率为 75.3%，比全国平均水平高 9 个百分点左右。小麦生产基本实现全程机械化，综合机械化率达到 96%。水稻、玉米生产综合机械化率分别达到 83%和 82%。2017 年全省农机合作社发展到 4277 家，其中国家级、省级农机合作社示范社的数量分别达到 82 家和 526 家，农机化经营服务总收入近 600 亿元。深松整地、精量播种、化肥深施、高效植保、秸秆还田等绿色环保的机械化技术得到广泛应用，2017 年全省机械化免耕播种、精少量播种面积 4628 万亩，机械化秸秆还田面积 7234 万亩，机械化肥深施面积 2050 万亩。

七、农村改革

安徽是农村改革的发源地。1978 年，凤阳县小岗村“大包干”，拉开了全国农村改革的序幕，如今农村改革不断深化。2000 年，安徽省率先以省为单位开展了农村税费改革试点，2005 年在全省范围内全面取消农业税，比全国提前 1 年。之后，为巩固税费改革成果，自 2005 年开始，安徽省在 18 个县开展以深化乡镇机构、农村义务教育和县乡财政管理体制等三项改革为主要内容的农村综合改革试点，2007 年在全省全面推开。党的十七届三中全会以后，农村改革的步伐加快。2008 年安徽省率先在全国开展以村为单位的农村土地承包经营权确权登记颁证试点工作，2014 年被列入全国首批推进农村土地确权登记颁证试点的省份之一，2016 年完成试点任务，比中央要求提前 1 年，得到中央肯定。党的十八大以来，农村改革范围进一步扩大，改革力度进一步加大。以农村集体产权制度改革、农村承包地“三权分置”改革、农村“三变”（资源变资产、资金变股金、农民变股东）改革为重点的农村改革积极稳妥推进。2017 年，全省农村承包耕地流转率达到 45.5%，土地承包经营权抵押贷款余额达到 9.9 亿元，把农民的“红本子”变成了“活资产”；全省农村集体产权制度改革试点村达到 1523 个，天长市农村股改试点走在全国前列，改革经验在全国推广；全省实施“三变”改革的村庄达到 755 个。

第二节　农产品总体情况分析

一、安徽省主要农产品分布情况

（一）作物分布情况

安徽省粮食主产地主要分布在皖北地区及皖中地区的滁州、六安，其中 2017 年皖北六市粮食产量占全省粮食产量的 62.3%，其中阜阳、亳州、宿州分别达到 567.8 万吨、483.4 万吨、410.3 万吨，分别占全省粮食产量的 16.3%、13.9%、11.8%。滁州、六安粮食产量分别达到 435.5 万吨、315.8 万吨，分别占全省粮食产量的 12.5%、9.1%（图 3－1）。

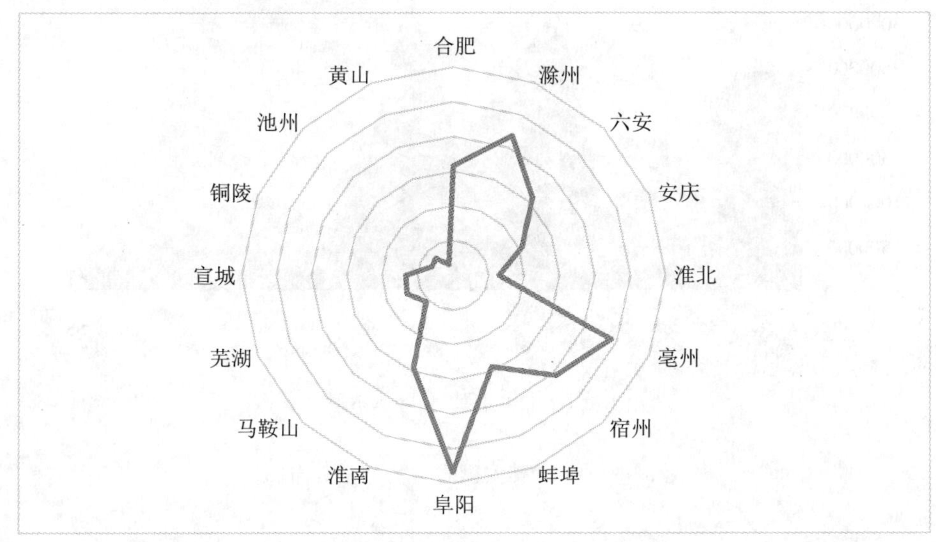

图 3－1　2017 年安徽省粮食产量分布雷达图

1. 谷物

安徽水稻种植主要集中在皖中地区及淮南市（图 3-2），2017 年全省稻谷总产量为 1470.2 万吨，占全省总产量的 60.5%。合肥、滁州、六安、安庆 2017 年的稻谷产量分别达 315.7 万吨、435.5 万吨、315.8 万吨、209.2 万吨，分别占全省总产量的 21.5%、29.2%、21.5%、14.2%。

安徽小麦种植主要集中在皖北地区及滁州市，2017 年全省小麦总产量为 1393.5 万吨，皖北六市的小麦总产量达 1283.6 万吨，占全省总产量的 92.1%。亳州、宿州、蚌埠、阜阳、滁州分别达 319.0 万吨、244.9 万吨、158.5 万吨、345.6 万吨、153.8 万吨，分别占全省总产量的 22.9%、17.6%、11.4%、24.8%、11.0%。

安徽玉米种植主要集中在亳州、宿州、蚌埠、阜阳四市，2017 年亳州、宿州、蚌埠、阜阳四市的玉米总产量达 434.3 万吨，占全省总产量的 97.7%。

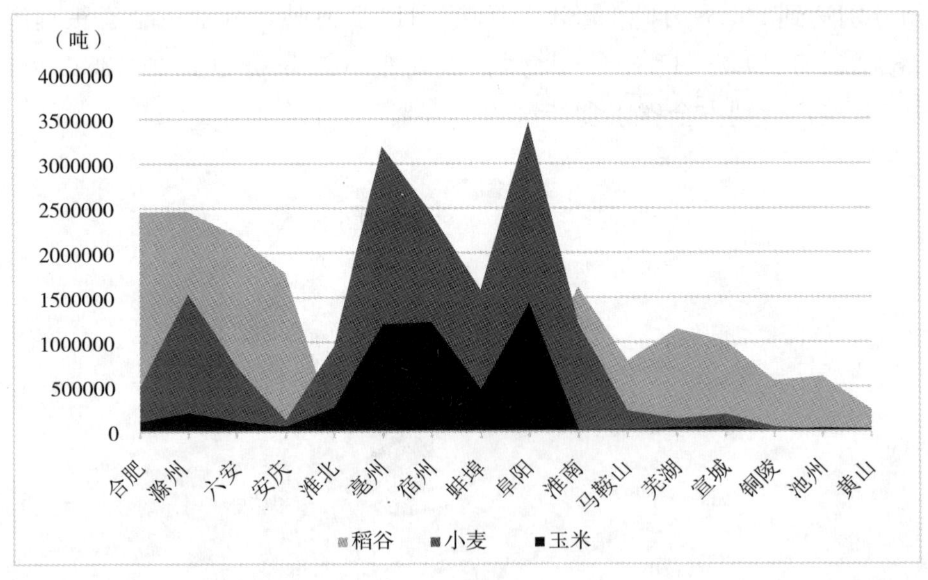

图 3-2 2017 年安徽省谷物产量分布图

2. 豆类

安徽豆类农作物种植主要集中亳州、宿州、阜阳，2017 年全省豆类农作物总产量为 136.4 万吨，亳州、宿州、阜阳的产量分别达 21.9 万吨、22.0 万吨、21.1 万吨，分别占全省总产量的 16.0%、16.1%、15.5%。

3. 薯类

安徽薯类农作物种植主要集中亳州、宿州、阜阳（图 3-3），2017 年全省薯类农作物总产量为 28.3 万吨，亳州、宿州、阜阳的产量分别达 8.2 万吨、14.7 万吨、9.1 万吨，分别占全省总产量的 28.8%、51.8%、32.2%。

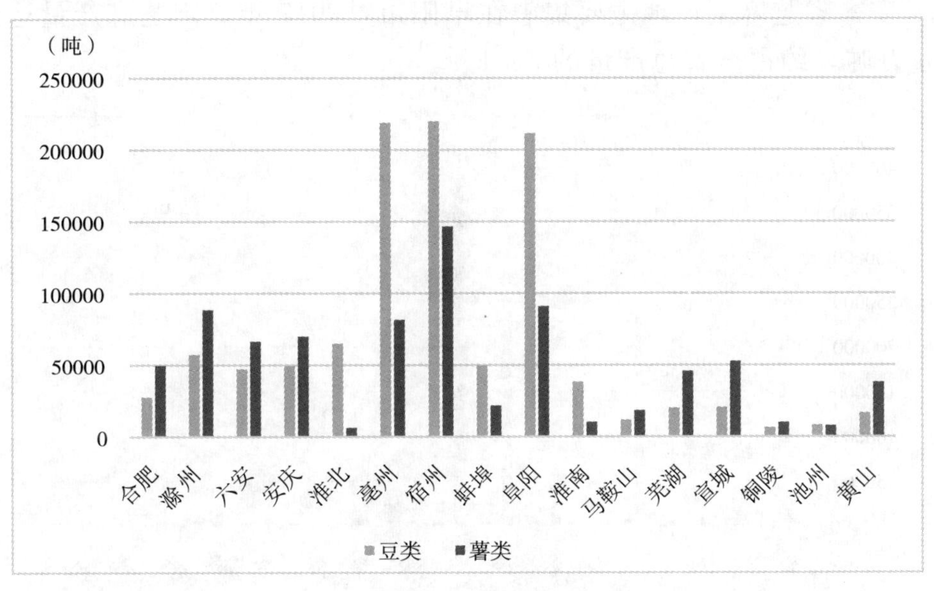

图 3-3　2017 年安徽省各市豆类、薯类农作物产量

（二）油料类农产品分布情况

安徽省油料类农产品主产地主要集中在皖中四市、宿州市及蚌埠市（图 3-4），2017 年皖中四市油料产量占全省总产量的 40.9%，其中合肥、滁州、六安、安庆的油料产量分别达到 26.7 万吨、18.8 万吨、14.7 万吨、25.0 万吨，分别占全省总产量的 12.8%、9.0%、7.1%、12.0%。宿州、蚌埠的油料产量分别达到 24.1 万吨、38.2 万吨，分别约占全省总产量的 11.6%、18.4%。

1. 花生

安徽省花生主产地主要集中在宿州市、蚌埠市，2017 年两市花生的产量分别达到 22.1 万吨、37.8 万吨，分别占全省总产量的 24.4%、41.6%。

2. 油菜籽

安徽省油菜籽主产地主要集中在合肥市、安庆市，2017 年合肥市、安庆市产量分别达到 19.7 万吨、23.1 万吨，分别占全省总产量的 17.8%、20.8%。

3. 芝麻

安徽省芝麻主产地主要集中在阜阳市，2017 年阜阳芝麻产量达到 2.4 万吨，约占全省总产量的 36.1%。

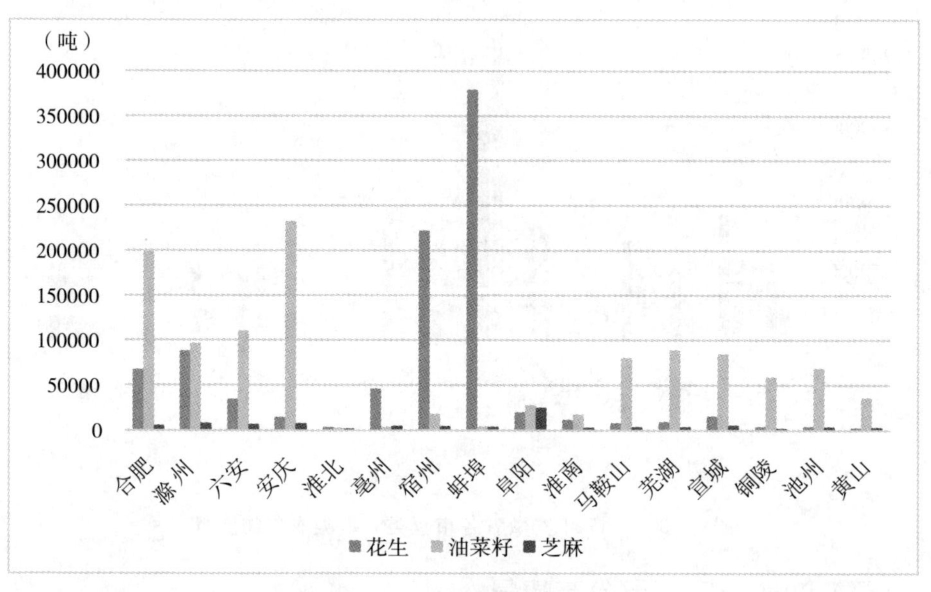

图 3-4 2017 年安徽省各市油料类农作物产量

（三）棉花、生麻、烟叶分布情况

安徽省棉花主产地主要集中在合肥市、安庆市、宿州市、芜湖市、池州市，2017 年全省棉花产量达 14.3 万吨，其中合肥、安庆、宿州、芜湖、池州的产量分别约为 2.4 万吨、6.5 万吨、1.7 万吨、3.4 万吨、2.1 万吨，分别约占全省总产量的 16.8%、45.5%、11.9%、23.8%、14.7%（图 3-5）。

安徽省生麻主产地主要集中在六安市，2017 年全省生麻产量达

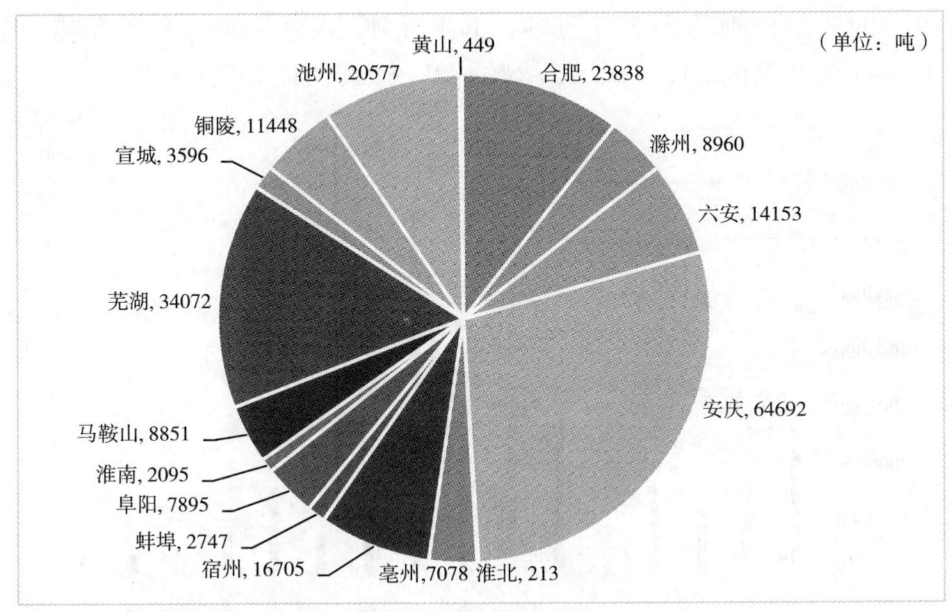

图 3－5　2017 年安徽省各市棉花产量

2.2 万吨，其中六安产量达到 2.0 万吨，占全省总产量的 90.9%。

安徽省烟叶主产地主要集中在宣城市、芜湖市，2017 年全省烟叶产量达 3.0 万吨，其中宣城、芜湖的产量分别达 1.7 万吨、0.7 万吨，分别占全省总产量的 56.7%、23.3%。

（四）蔬菜、瓜果类农产品分布情况

安徽省蔬菜、瓜果类农产品主产地主要集中在亳州市、宿州市、蚌埠市、阜阳市。2017 年全省蔬菜产量达 2892.1 万吨，其中亳州市、宿州市、蚌埠市、阜阳市的产量分别达到 326.7 万吨、337.1 万吨、300.4 万吨、665.8 万吨，分别占全省总产量的 11.3%、11.7%、10.4%、23.0%。2017 年全省瓜果产量达 754.6 万吨，其中亳州市、宿州市、阜阳市的产量分别达到 91.7 万吨、192.6 万吨、102.0 万吨，分别占全省总产量的 12.15%、25.52%、13.52%。宿州市、阜阳市以种植西瓜、香瓜为主，亳州市以种植西瓜为主（图 3－6）。

（五）茶叶、园林水果类农产品分布情况

安徽省茶叶主产地主要集中在六安市、安庆市、宣城市、黄山市，2017 年全省茶叶产量达到 11.5 万吨，其中六安市、安庆市、宣城市、黄山市的产量分别达到 2.5 万吨、1.4 万吨、3.4 万吨、2.8 万吨，分别占全省总产量的 21.7%、12.2%、29.6%、24.3%（图 3－7）。

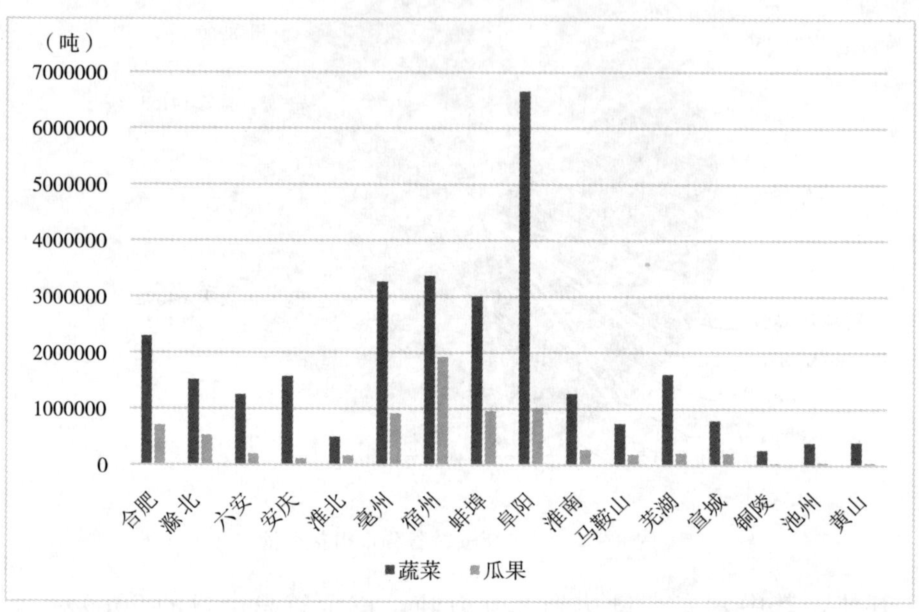

图 3－6 2017 年安徽省各市蔬菜、瓜果产量

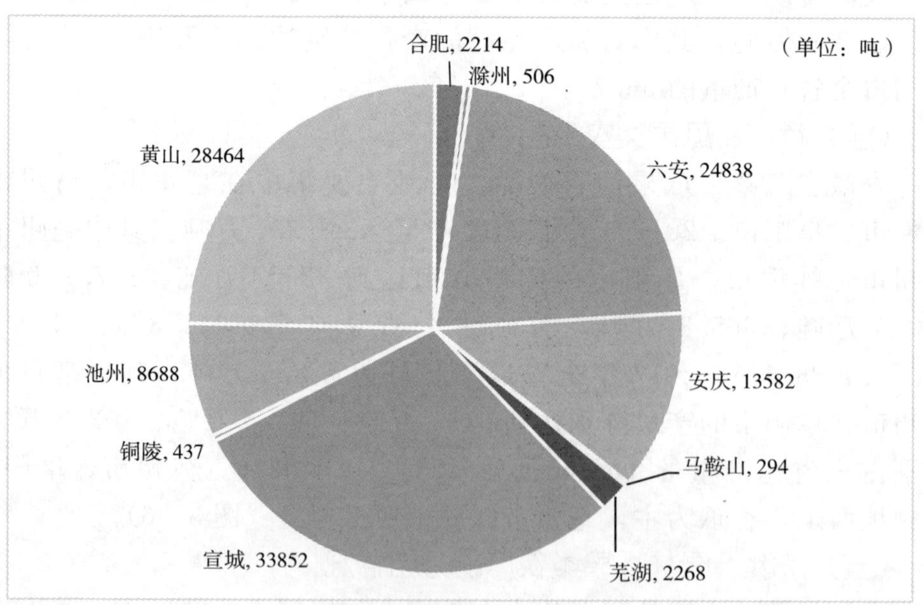

图 3－7 2017 年安徽省部分城市茶叶产量

安徽省园林水果主产地主要集中在宿州市，2017 年全省园林水果产量达 323.4 万吨，其中宿州市产量达到 205.3 万吨，占全省总产量的 63.5%。2017 年宿州市苹果、梨、葡萄的产量分别为 34.3 万吨、100.0 万吨、15.0 万吨，宿州市以种植梨为主。

（六）畜产品分布情况

1. 肉类产品

安徽省肉类产品主产地主要集中在皖中、皖北地区，2017 年全省肉类产品产量达 396.3 万吨，其中皖中、皖北肉类产品的产量分别占全省产量的 40.6%、56.1%。

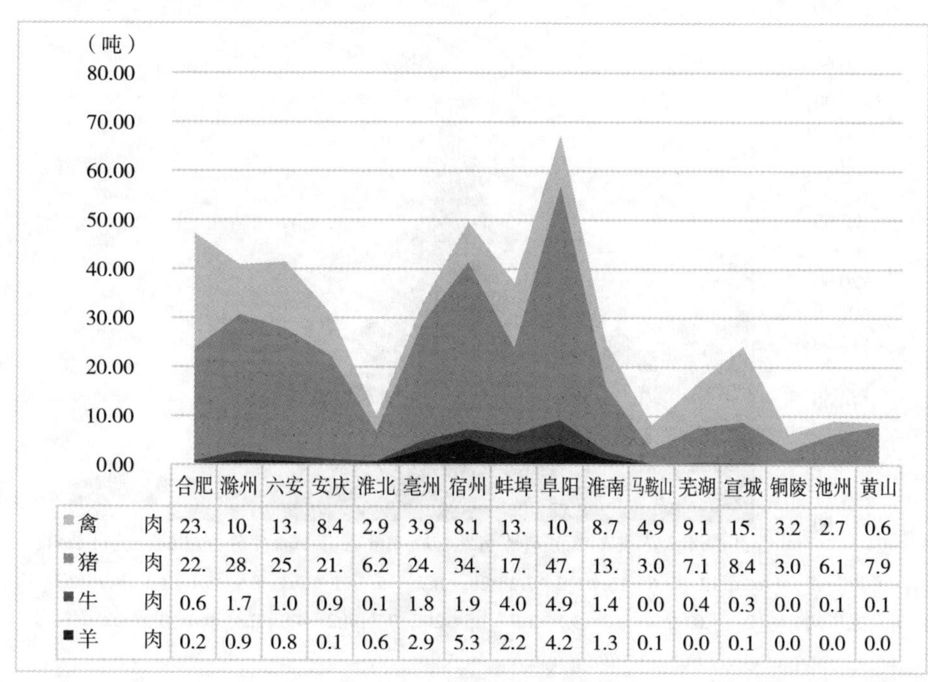

	合肥	滁州	六安	安庆	淮北	亳州	宿州	蚌埠	阜阳	淮南	马鞍山	芜湖	宣城	铜陵	池州	黄山
禽肉	23.	10.	13.	8.4	2.9	3.9	8.1	13.	10.	8.7	4.9	9.1	15.	3.2	2.7	0.6
猪肉	22.	28.	25.	21.	6.2	24.	34.	17.	47.	13.	3.0	7.1	8.4	3.0	6.1	7.9
牛肉	0.6	1.7	1.0	0.9	0.1	1.8	1.9	4.0	4.9	1.4	0.0	0.4	0.3	0.0	0.1	0.1
羊肉	0.2	0.9	0.8	0.1	0.6	2.9	5.3	2.2	4.2	1.3	0.1	0.0	0.1	0.0	0.0	0.0

图 3－8　2017 年安徽省各市肉类产品产量

合肥、滁州、六安、安庆的肉类产品以猪肉、禽肉为主，2017 年四市肉类产品产量分别达 47.4 万吨、41.0 万吨、41.6 万吨、30.8 万吨，分别占全省产量的 12.0%、10.3%、10.5%、7.8%。

2017 年亳州、宿州、蚌埠、阜阳肉类产品产量分别达 33.0 万吨、49.8 万吨、37.2 万吨、67.7 万吨，分别占全省产量的 8.3%、

12.6%、9.4%、17.1%。其中牛肉主要集中在阜阳、蚌埠，羊肉主要集中在宿州、阜阳、亳州。

2. 生牛奶、禽蛋

安徽省生牛奶主产地主要集中在合肥市、蚌埠市（图3-9），2017年全省生牛奶产量达31.9万吨，合肥市、蚌埠市产量分别达10.9万吨、20.9万吨。

安徽省禽蛋主产地主要集中在合肥市、安庆市、阜阳市，2017年全省生牛奶产量达146.2万吨，合肥市、安庆市、阜阳市产量分别为20.0万吨、16.3万吨、16.5万吨。

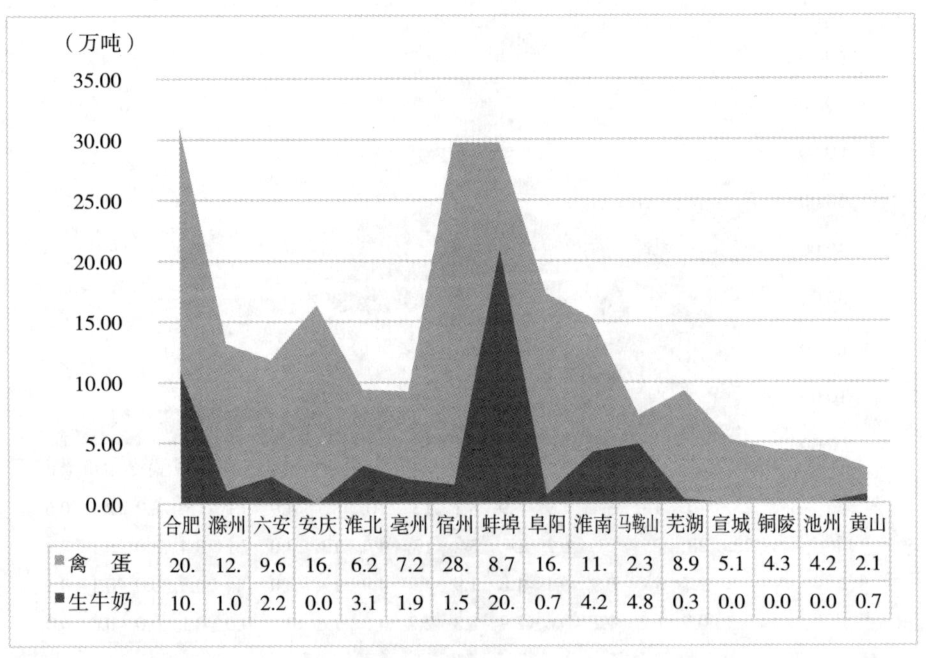

	合肥	滁州	六安	安庆	淮北	亳州	宿州	蚌埠	阜阳	淮南	马鞍山	芜湖	宣城	铜陵	池州	黄山
禽　蛋	20.	12.	9.6	16.	6.2	7.2	28.	8.7	16.	11.	2.3	8.9	5.1	4.3	4.2	2.1
生牛奶	10.	1.0	2.2	0.0	3.1	1.9	1.5	20.	0.7	4.2	4.8	0.3	0.0	0.0	0.0	0.7

图3-9　2017年安徽省各市牛奶、禽蛋产量

（七）水产品分布情况

安徽省水产品主产地主要集中在皖中城市及淮南市、芜湖市（图3-10），2017年全省水产品产量达104.8万吨，其中合肥、滁州、六安、安庆、淮南、芜湖产品水产量分别22.23万吨、33.44万吨、20.48万吨、28.62万吨、17.09万吨、16.01万吨。

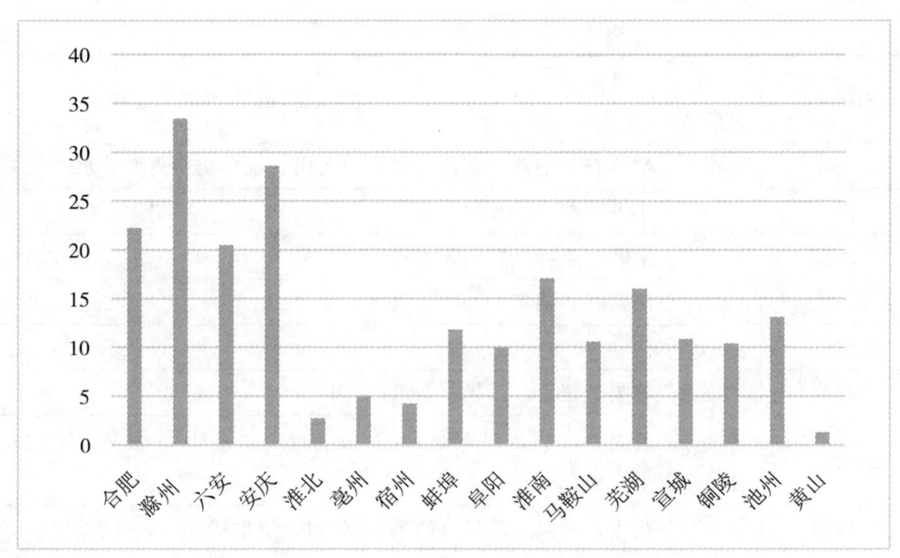

图 3-10　2017 年安徽省各市水产品产量（单位：万吨）

二、各地区农产品优势分析

铜陵、芜湖、马鞍山的沿江平原农业区，土地面积 1.31 万平方千米，该区地貌以平原为主，地处亚热带，土地肥沃，水资源丰富，日照条件优越，适宜农耕作业，农作物多高产。农业生产以稻、油、棉、渔为主，猪、禽、牧相结合。

皖南丘陵山地林茶粮区包括宣城、黄山、池州等相关地区，土地面积 3.04 万平方千米。该区地貌以山区和丘陵为主，属亚热带湿润地区，水热条件优越，森林资源丰富，是我国重点茶叶产区之一。农业生产以林、茶为主，稻、棉、桑相结合（表 3-1）。绩溪的火腿、毛豆腐、臭鲑鱼，屯溪的五香豆腐干等皖南特产具有一定的知名度。

安庆、六安为皖西大别山地林茶区，土地面积为 2.86 万平方千米，以山区为主，耕地资源紧缺，农业生产以茶、林等为主，渔、牧、粮、禽相结合。大别山区的板栗鲜榨汁（罐头）、响洪甸水库新鲜鳜鱼（罐头）等当地特产色、香、味俱全。合肥、滁州的水资源较为丰富，降水量较为充沛，农业生产主要以油、稻、麦为主，同时也盛产豆、麻、蚕桑、猪、禽、渔等农副作物。

表 3-1 安徽省各市农产品情况

地区		主要农产品	优势农产品
皖中	合肥	水稻	油菜籽、棉花、草莓、猪肉、禽肉、生牛奶、禽蛋、水产品
	滁州		小麦、猪肉、禽肉、水产品
	六安		生麻、茶叶、猪肉、禽肉、水产品
	安庆		油菜籽、棉花、茶叶、禽蛋、水产品
皖北	淮北	小麦、玉米、豆类	
	亳州		薯类、蔬菜、瓜果（西瓜）、肉
	宿州		薯类、园林水果（梨）、瓜果（西瓜、香瓜）、蔬菜、羊肉、花生、棉花
	蚌埠		花生、蔬菜、瓜果（西瓜）、牛肉、生牛奶
	阜阳		芝麻、蔬菜、瓜果（西瓜、香瓜）、牛肉、羊肉、禽蛋
	淮南		水稻、水产品
皖南	马鞍山	棉花、水稻	水产品
	芜湖		
	铜陵		
	宣城	茶叶	烟叶
	池州		棉花
	黄山		

皖北地区地势平坦，土层深厚，地处暖温带边缘，日照时间长，地表水资源紧缺，水资源分配不均。农业生产以小麦、玉米、豆类为主，果林、猪、牛、羊、禽等相结合。

第四章　安徽省农产品加工典型行业比较分析

安徽省作为全国粮食主产区，粮食年产量一直较高；作为农业大省，安徽省农产品加工业在全国占据一定的地位，而且各地市在农产品深加工领域，都有一定的规模和能力。笔者选择具有一定代表性的产业，例如白酒产业、水果加工、中药材加工、茶叶产业及徽州竹木加工等做比较分析。

第一节　安徽省白酒行业比较分析

目前国内白酒行业的市场规模超过 6000 亿元，且白酒生产企业的数量众多。目前我国白酒生产企业有 2 万多家，而上规模的企业却仅有 1500 余家。另外，不同地理区域对白酒文化、口味和品牌的偏好也不尽相同，这就导致市场分散化现象明显，市场集中度偏低。目前中国白酒行业 CR5 占比[①] 18%，而国外白酒行业 CR5 占比 60%，对比发现还有很大的提升空间。自 2011 年洋河收购双沟开始，行业内陆续出现收购兼并事件。2018 年 2 月 9 日，泸州老窖以 1059 万元收购老窖集团所持有的川酒全部 30%的股权。未来行业收购并购是趋势，行业集中化趋势越来越明显，著名酒企收购区域性酒企是趋势。

中国的白酒市场从 2010 年的 2422 亿元增长到 2016 年的 6349 亿元，年均增长率为 17.42%，预计到 2020 年中国白酒市场规模将突破 10000 亿元。受益于消费升级及高净值人群扩大，高端及次高端白酒将继续保持较快的发展速度。预计到 2020 年，高端白酒市场规模有望

① CR5 占比是指白酒行业规模前五名的公司所占的市场份额。

突破 1800 亿元，这也为安徽省白酒行业提供了难得的机遇和挑战。从区域宏观政策和产业发展规划来看，四川、河南、安徽、山东等多个省份明确发文支持白酒产业发展，各大省级的龙头酒企持续强化品牌建设。白酒行业内历来有“东不入皖，西不入川”的说法，一句话道出了安徽白酒行业竞争之残酷，道出了徽酒对本土白酒市场之垄断，更道出了徽酒在整个全国白酒市场中的地位。

目前安徽省白酒行业有如下特点：

（1）安徽白酒产量居全国前列。2016 年全国白酒（折 65 度）总产量为 135.84 亿升。从产量数据来看，2016 年安徽白酒产量 448889 千升，全国排名第 10 名，前九名分别是四川、河南、山东、江苏、湖北、吉林、内蒙古、黑龙江、贵州。安徽白酒总产量常年保持全国排名前 10 名，是名副其实的产酒大省。

（2）区域酒企密集，龙头酒企规模大（图 4－1）。全省白酒总产量为 448889 千升，分别由省内 483 家白酒生产企业共同贡献，省内白酒生产企业数量也位居全国前列。其中白酒企业年产量能达到 1 万吨以上且固定资产上亿元的规模以上白酒企业 58 家左右。白酒上市公司则达 4 家，分别为口子窖、古井贡酒、迎驾贡酒、金种子酒，占据全国 19 家白酒上市公司的 21％（不包括原丰联控股，现老白干控股的文王

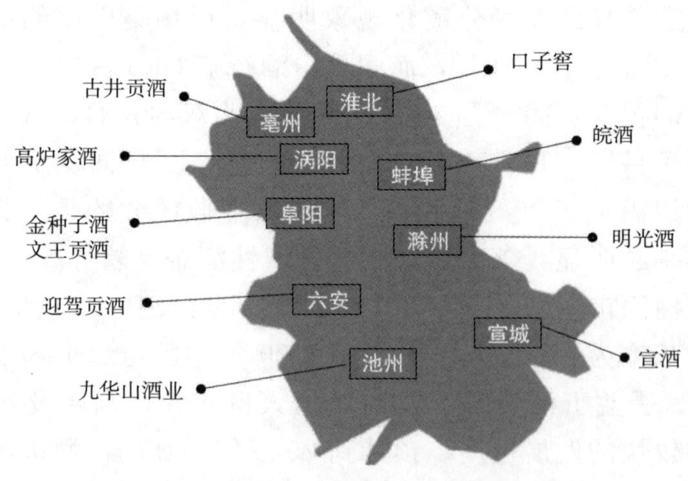

图 4－1 安徽省白酒品牌地区分布示意图

贡酒），2018年4家上市公司的营业收入超过190亿元，其中古井集团营业收入达100亿元左右、口子窖营业收入约为42.69亿元[①]。

（3）市场容量大，集中程度高，区域壁垒强。安徽白酒市场容量行业公认在200亿元左右，其中安徽省内4家上市公司占省内白酒市场的份额分别为：金种子酒（6.77%），迎驾贡酒（8.01%），口子窖（9.83%），古井贡酒（15.36%），合计占比为39.97%[②]。省内4家白酒上市公司就占据了全省白酒销售总额的40%左右。

（4）高档白酒容量小，档位相对偏低。从全国白酒档位分层来看，其中高端代表产品为飞天茅台，52°水晶瓶五粮液，国窖1573，水井坊井台，洋河梦之蓝M9、M6等。综合分析来看，产品基本有名酒基因，具有寡头垄断、价位段壁垒高筑、进入难度高的特点。次高端档位白酒近年来突飞猛进，增长迅猛，其产品主要为二线品牌的升级性产品。如：剑南春、舍得、梦之蓝M3、汾酒青花瓷、西凤华山论剑等。中高端档位白酒基本被区域白酒占据，表现在全国市场差异化较大，主要产品如：洋河天之蓝、海之蓝，古井贡酒年份原浆系列，口子窖年份系列，西凤年份陈酿系列，老白干古法系列等。中低端档位从全国市场来看，是竞争最为激烈的档位，同时也是市场容量最大的档位，主要产品为区域性酒企的主线产品，一线名酒的OEM产品，二线品牌的辅助性产品以及全国性品牌的高、中、低端光瓶酒等。

第二节　茶叶及加工产业发展分析

大别山地区的茶叶生产历史悠久，区位优势独特，自然条件较好，发展潜力巨大，是全省茶叶产业“四大优势区域”[③]之一。皖西大别山

---

① 数据来源：2018年古井集团、口子窖上市公司财务报表。

② 数据为2016年网络数据，其中金种子省内销售额按照其销售额90%计算，古井贡酒省内销售额按照其销售额60%计算，另外两家上市公司省内销售额按照上市公司财报计算。

③ 安徽省茶叶产业“四大优势区域”主要指大别山区、桐柏山区、伏牛山区及汉水流域，此处大别山区以安徽省内地区为主。

区和皖南山区是我省重要的两大茶区，土质特异，土壤肥沃，气候宜人，植被茂密，素有“森林里找茶叶”之美誉，具备茶叶生长的极佳天然环境，是安徽省茶叶的主要生产、加工基地。除自然禀赋之外，加强农业管理，推广绿色防控技术，实施良种良法配套、农机农艺融合，实施茶叶生产全过程的质量控制，逐步建立质量安全的可追溯体系也十分必要。作为传统特色产业，近年来安徽茶产业发展迅速，2017年茶叶种植面积为270.21万亩，低产茶园改造面积为20.41万亩；干毛茶产量为13.43万吨，茶叶综合产值为334.48亿元。茶叶出口量为5.97万吨，出口额为3.55亿元，出口量和出口额位居全国第二。

全省现有茶园“三品”认证面积245.98万亩，占总面积的91.03%，其中无公害茶园面积177.96万亩，绿色食品茶园面积51.99万亩，有机茶园面积16.03万亩。全省共有40家70个茶产品进行了绿色食品认证，102家茶企进行了有机茶园或产品认证。六安瓜片从鲜叶到成品要经过10天时间、100道工序，是工艺最多的国家非物质文化遗产制茶技艺，70%的六安瓜片产自位于大别山山脉东麓的独山镇。

重视品牌建设与推广。安徽茶叶品牌众多，呈现出百花齐放、百家争鸣的格局。全省现有茶叶市、县级以上区域品牌33个，注册商标2312个，中国驰名商标17个，省级著名商标152个。中国传统十大名茶，安徽占有四席：六安瓜片、黄山毛峰、祁门红茶和太平猴魁。“祁红”“屯绿”是我国出口红、绿茶中最著名的品牌。2017年中华人民共和国农业部和浙江省人民政府共同举办首届中国国际茶叶博览会，评选出全国十大区域公用品牌，六安瓜片和黄山毛峰位列其中，祁门红茶获得“优秀区域公用品牌”称号。

发挥文化引领作用。安徽茶叶种植与饮茶历史深远。三国时期的华佗有饮茶记载，两晋南北朝时期安徽地区开始饮茶、种茶、制茶。中唐时，皖南的歙州、宣州，皖西的舒州、寿州皆产名茶，甚至远传国外。明清的松萝茶、六安茶驰名全国，影响深远。近年来，六安市充分发挥当地的资源禀赋，启动“六安茶谷”建设。黄山市建成并对外开放黄山毛峰、太平猴魁、松萝茶和祁门红茶等 20 家茶博馆、72 家茶文化馆，“茶旅”结合，增加茶叶附加值。

创新徽茶科研力量。作为茶叶主产区，安徽茶叶科技研发力量也在全国领先，安徽农业大学拥有茶树生物学与资源利用国家重点实验室，安徽省农科院拥有全国最早的茶叶专业研究机构。近年来，安徽不断加强茶产品开发，除绿茶外，研发出适合区域市场需求的黄茶、白茶、乌龙茶、花茶和黑茶等特色茶类，加强茶食品饮料、茶用品、茶药品和茶化工品等系列产品开发，生产了黟县石墨茶、黄金芽等春茶新品，推出了霍山系列黄茶、金寨红茶、泾县乌龙茶、岳西红茶等系列夏秋茶产品，黄山市引进的小罐茶公司，创新制茶理念，探索经营模式，2017 年销售收入突破 10 亿元。

标准化生产。安徽茶叶加工经过多年发展，已初步形成标准化生产。以岳西为例，岳西茶园大多分布在海拔 500～1000 米的深山峡谷中，茶园土壤多样，有机质丰富，富含氨基酸，全县茶园均已通过无公害认证。制定岳西县茶叶标准园产品检测制度、岳西县茶叶标准园产品质量安全追溯制度、岳西县茶叶标准园农药管理制度、岳西县茶叶标准园投入品管理制度、岳西县茶叶标准园生产档案记录制度，发布《岳西翠兰茶生产加工技术规程》等文件，推广清洁化连续化加工、清洁能源、病虫害绿色防控等先进的实用技术。

第三节　“水果加工强县”——砀山

近年来，砀山县依托水果资源优势，因地制宜，多举措加快水果加工业转型升级，力促“水果加工第一大县”迈向“水果加工强县”，产品远销海内外，实现水果产业新跨越。砀山县种植砀山梨、黄桃等水果 70 余万亩，年产水果 170 余万吨，年水果加工能力 120 万吨，拥有砀山倍加福食品、宿州科技食品、海升集团等 30 多家出口食品企业，水果产品年出口金额达 1.3 亿美元，主要出口到美国、西欧、俄罗斯、日本、韩国、中东等国家和地区，荣获国家级出口果蔬质量安全示范区等。2018 年，砀山县水果罐头基地被安徽省商务厅评为“省级外贸转型升级基地”。

砀山县依托优质水果资源优势，各水果加工企业加快升级转型，走“专精特新”发展之路，不断提升综合竞争力。以前砀山县水果罐头 90%是出口海外，现在各企业积极与国内外知名食品企业及各省大型超市合作，内销份额逐年提升，内销产品约占总需求量的三分之二。砀山县通过着力培育新动能、扶持新主体、拓宽新渠道，加速推进水果加工企业的转型升级。面对新的市场形势，砀山县越来越多的水果加工企业不断加大自主知识产权、自主品牌、自主营销渠道方面的投入力度，以技术、品牌、质量、服务为核心的水果加工新优势正在加速形成。

招商引资，集聚产业效应。砀山种植连片果园 70 多万亩，年产各类水果 30 多亿斤。砀山县把水果加工业列为“首位支柱产业”，积极承接产业转移，加大项目招商力度，引进海升、科技、熙可、汇源等一批带动力强的优势企业，不断延伸产业链条，初步形成集聚集群发展态势。截至 2018 年底，全县水果产业规模以上企业达 59 家，累计完成工业产值 97 亿元，水果年加工能力达 120 万吨，年生产水果罐头 50 万吨、浓缩果汁 15 万吨、果汁饮料 10 万吨、果胶 1000 吨，位居全国前列①。其中海升果业公司 90%以上的产品自营出口远销至美、加、德、法、日等 30 个发达国家；科技食品公司年产“科技”牌果蔬罐头及果汁饮料 7 万余吨，产品出口至日本、美国、加拿大及欧盟等国家和地区，水果罐头产量位居全国前列，果蔬罐头生产量、销售额、出口额居全省第一。砀山县大力实施“生态旅游＋休闲运动”，依托“梨花节”“采梨节”，成功举办春秋两季国际马术一星级、二星级耐力赛，二星级耐力赛为中国首次举办的最高级别的耐力赛事。砀山县荣获“2018 年省级休闲农业和乡村旅游示范县”称号。依托南非迪斯特公司，推进年产发酵型果酒项目建设，打造集种植、加工和旅游为一体，具有浓郁地域特色的果酒庄园。加快推进与江苏恒顺集团合作加工生

---

① 相关数据来源：宿州市统计局发布的数据。

产果醋，形成“砀山果醋、镇江制造”的品牌效应。

升级转型，加大扶持力度。将水果加工列为“首位支柱产业”，完善水果加工首位产业发展规划，大力发展精深加工，从“水果加工大县”迈向“水果加工强县”，拓宽思路，创新发展，促进精深加工规模化、高端化、多元化，生产高附加值产品，如果醋、果酒、果胶以及果品医药、休闲保健、美容养颜等水果保健产品，提高资源利用率和果品增值能力，把水果“吃干榨净”。完善多项优惠政策，加大财政资金扶持力度，每年安排水果加工产业发展专项资金 2000 万元，用于重大项目、科技研发、产品技术改造升级、品牌建设、标准化厂房基础设施建设及信息化平台建设；加大金融信贷支持力度，金融机构对符合首位产业发展方向、信用记录良好的水果加工企业，优先解决项目建设和收购农产品的融资需求，2018 年创新协调小额扶贫资金 1 亿余元投入水果加工企业；强化农业品牌打造，已创建品牌数 900 多个，其中“三品一标”认证速度加快，已认证 53 个，国家级有机及水果生产基地 2 个，面积达到 10 万亩。

搭建平台，完善服务体系。组织成立“安徽省农业科技专家大院”“砀山县酥梨研究所”“砀山县酥梨新产品研发中心”“砀山县酥梨新技术应用协会”“砀山县酥梨营销协会”等技术研究和服务组织，完善“科研院所＋企业＋协会＋果农”的产业化服务体系。完善销售体系和网络建设，成立专业协会、相关合作经济体和行业经纪人，形成“农户＋合作社＋超市”“农户＋经纪人＋超市”“农户＋销售大户或公司消费者”“农户＋消费者”“农户＋超市”等多种销售模式。壮大电商产业，建成省级现代服务业集聚的砀山县电子商务集聚区。

第四节 “中药材加工基地”——亳州

亳州市作为中药文化的重要发祥地，是中国“四大药都”之首，是全球最大的中药集散地，中药材标准化种植面积 34.1 万亩，总面积突破120万亩，被评为中药材安徽特色农产品优势区。2018年亳州中医药产业规模突破1000亿元，达1096.8亿元，其中中医药流通贸易额达743.2亿元、医药工业产值达318亿元、种植业产值达35.6亿元。现代中药产业集聚发展基地产值为313亿元、增长10.8%，179个重大药业项目完成投资142.5亿元、增长36.7%，在全省考核中获评A档。近年来，亳州市充分发挥中药材资源比较优势，加快建设现代中药产业集聚发展基地和省中药配方颗粒生产基地，逐步形成了药材种植、饮片加工、成药制造、物流贸易、保健医疗、科教研发等完整的现代中药产业体系。

强化政策支撑。建立推进机制，强化措施落实。亳州市委、市政府高度重视农业产业化工作，聚焦发展短板，谋划推进路径。一是深入谋划部署。制定并出台《亳州市加快农业产业化转型发展实施方案》等配套文件，成立高规格的农业产业化发展指导委员会，由市长担任委员会主任。二是加大财政投入的力度。市财政设立5000万元农业产业化发展专项资金，各县区相应设立1000万元～2000万元的专项资金。从市产业引导基金中，拿出1亿元扶持农业产业化发展。对注册地在亳州的企业凡成功实现主板上市、三板挂牌、四板挂牌的，分别给予600万元、220万元、70万元的奖励。

打造知名品牌。一是加强名优产品宣传推介，大力扶持创建驰名（著名）商标。农产品加工企业获得著名商标140个，中国驰名商标9个，4个品种进入国家、省医保目录，国家地理标志农产品亳白芍、亳菊花、亳丹皮上榜“十大皖药”。中药材产区荣获“中国特色农产品优势区”称号，“亳白芍”种植区被列为第九批国家农业标准化示范项目。二是建立中药产业发展、追溯、监管、诚信、协同的五大工作机制，完成500个品种的中药材商品等级分类标准研究，保障药品和药材质量，彰显“诚信药都”形象。三是先后编辑出版《华佗研究集成》等7部学术著作，连续举办8届全国知名中医院院长论坛，连续7年开展亳州市中医药知识竞赛和中医药技能竞赛。

搭建发展平台。构建全产业链条跟进的现代中药产业集聚发展基地，一是建设安徽亳州现代农业综合开发中药材示范区，园区已入驻药业产业化龙头企业58家，流转土地面积近4.7万亩，已成为全国最大的中药材规范化种植示范基地和中药材进出口检测示范基地。二是建设中药配方颗粒基地，华佗国药、济人药业等5家企业被批准为中药配方颗粒生产企业，基地共有药品生产企业178家，其中通过GMP认证的企业有165家。三是建设规范化种植基地、种子种苗组培繁育基地、“十大皖药”地道药材种植基地和中药材初加工基地等“四大基地”，从源头上控制药材标准。四是建成康美（亳州）华佗国际中药城、太安堂中药材特色产业园、昌升鲜活中药城、神农谷中药电商物流城、九州通中药物流园、华运物流园等六大市场。

加强科技创新。一是加大固定资产中的科技投入力度，以科技部“火炬计划”中药特色产业基地和国家中药现代化科技产业（安徽）建设基地为重点，实施现代中药科技重大专项，实现中药产业固定资产投资110亿元以上。拥有国家级中药材检测中心、全国首个中药材技术性贸易措施研究评议基地、国地联合中药类工程研究中心2个、省级企业技术中心20个、省级工程技术研究中心20个、高新技术企业54家。二是加强校企合作，分别与江南大学签约共建产学研服务平台，与天津中医研究院共建离岸孵化研发平台，与中国检验检疫科学院合作建立亳州分院。三是扶持中医药技术，出台促进药品技术转让、研发和培育的扶持政策，设立首批10亿元的药品技术转让和研发专项基金，鼓励、支持企业药品技术转让，2018年转入药品技术品种6个、待转入品种394个，报批中药配方颗粒品种1294个，吸引仿制药一致性评价品种303个，引进兽药品种2个。四是推进新品研发，九方制药公司牡荆素填补全省中药一类新药空白，被科技部列为“十三五”重大专项，北京皇岛植物胶囊（亳州）有限公司海藻多糖植物空心胶囊填补全省此类产品生产的空白[①]。

推进产业融合。一是积极探索“互联网+农业”的有效实现形式，阿里巴巴公司联合建设阿里巴巴亳州馆，集中打造亳州名特优农产品、中药材保健品网上销售平台，阿里巴巴亳州馆已入驻企业301家。以

① 亳州中药材加工相关数据来源：亳州市药业发展局。

世界药都网、药通网、药博商城、珍药材网等电子商务平台为依托，加快培育面向企业（B2B）、面向消费者（B2C、C2C）、线上线下同步经营的电子商务市场主体，药通网、药博商城会员总数达 81 万人。2017 年，药通网会员数达 29.1 万人，实现线上交易额 3000 万元，促成线下交易额 150 亿元。以亳州中药材商品交易中心为平台，与安徽中医药大学合作完成了 500 个品种的中药材商品等级分类标准研究，与中国科学院信息工程研究所合作制定了《中药材大数据云智慧管理与应用系统建设方案》。二是开展休闲农业与乡村旅游示范县（点）创建，建设“中医药＋文化旅游”的中医药健康养生目的地，实施 15 万亩的亳药花海休闲观光大世界项目，举办休闲旅游农业节庆活动，推动了休闲农业大发展。谯城区芍花景观被评为“中国美丽田园”，“芍药养生文化旅游节”获评安徽省 2017 年“十佳特色农业节庆活动”称号，康美华佗国际中药城获评“安徽省旅游商品特色街区”。同时，以国际（亳州）中医药博览会暨中国（亳州）中药材交易会为平台，聚力打造水平最高、规模最大的药博会。

第五节　徽竹加工企业集聚地——广德县

竹子是一种可再生资源，是木材的理想替代材料，在保护环境、发展经济、提高生活质量等众多方面具有重要意义。广德县为中国竹子之乡，现有竹林面积 97.9 万亩，蓄积量 2.4 亿株，竹资源总量居全省首位。2018 年，全县竹产业产值为 109.52 亿元。近年来，广德县始终坚持“两山”理论，在守护好绿水青山的同时，积极依靠科技创新，大力发展竹工业企业，助力农民增收、乡村振兴，真正实现“绿水青山变金山银山”。目前，全县有国家重点林业龙头企业 1 家、中国竹业龙头企业 2 家、省级林业产业化龙头企业 33 家，竹类产品中国驰名商标 2 个、省著名商标 6 个，已形成竹集成材、竹家具、竹循环利用、竹工艺品、竹活性炭、竹森林食品、竹保健品等 7 大系列 147 个品种。

广德县竹木加工发展势头迅猛，主要有以下几点原因：

充分开发竹资源。广德县出台竹产业发展五年规划和实施细则，每年安排1000万元资金专项支持竹产业发展，按照500亩竹林修建1千米林道标准，目前，共完成竹林道建设83.7千米，建设毛竹笋用林等示范园（区）项目3513亩。创建竹下经济示范园（点）13个，评选“三星级竹林人家”15个，既实现环境保护和绿色发展，又为竹木加工业发展奠定坚实的原材料基础。

延长竹加工产业链条。延伸竹产业链，培育一批竹产业骨干企业，引入惊石农业、墨钴环境科技等一批精深加工企业，带动竹木由初加工向精深加工转变。目前，全县共有国家级重点林业龙头企业2家、省级林业产业化龙头企业35家，省名牌产品1个、省著名商标5个。竹加工实现原材料种植、加工、销售、文化传承和旅游发展为一体的全产业链发展。

建设竹村落，弘扬竹文化。广德县围绕笄山竹海、阳岱山等竹资源富集区，打造“竹海村落”，展现“北纬30°中国竹海画廊”特色风貌。建成南部乡镇旅游“一号公路”130千米，打造四合原味小镇、东亭骑趣小镇、誓节海棠小镇，已形成高峰、甘溪等5个村级农家乐集聚区。创建省级美丽乡村点37个，其中高峰村入选“2018年中国美丽休闲乡村”名单。保护传承竹木根雕，唐诗竹编、竹刻等五大传统竹手工艺制品，挖掘艺术文化内涵。建成皖南竹木根雕馆，皖南竹木根雕入选省非物质文化遗产目录，竹木根雕作品多次获得中国工艺美术“百花奖”。培育竹文化乡村旅游，打造以“笄山竹海—卢湖山水—甘溪长寿谷—动感东亭”为主线的竹业观光线路，实现一二三产业融合发展。

第五章　安徽省农产品加工业发展基础及竞争力评价

第一节　安徽省农产品加工业发展环境分析

随着安徽省农产品加工业的发展，农业配套化服务设施也得到相应的完善。在政策环境、生鲜冷链物流、农业金融服务等方面取得一定进步，为农产品加工业进一步发展奠定基础，同时也存在一定的问题。

一、农产品加工业发展政策环境

为促进农产品加工业发展，2015 年国务院发布《国务院办公厅关于推进农村一二三产业融合发展的指导意见（国办发〔2015〕93 号）》，为农村产业发展提供发展方向和指导。党的十九大报告提出“乡村振兴”战略，将农村产业化发展作为乡村振兴的重要支撑，进一步印发《国务院办公厅关于进一步促进农产品加工业发展的意见》（国办发〔2016〕93 号）、《全国农业现代化规划（2016—2020）》、《全国农产品加工业与农村一二三产业融合发展规划（2016—2020 年）》、《农业部关于实施农产品加工提升行动的通知》（农加发〔2018〕2 号）等推进农村三产融合发展的方案规划，提出“十三五”期间以创新融合发展的新方式，以拓展新功能、搭建新平台、培育新载体、完善新机制为工作内容，注重科技引领，大力引进人才，加大政策支持的力度，扩大对外贸易范围，加紧培育品牌，引导农产品加工业向更大更远的平台发展。这些方案和规划的发布，为实施乡村振兴战略、推进农产品加工业发展、促进农村一二三产业融合发展营造了良好的政策环境。

表 5－1 相关方案规划实施时间

方案/规划	实施时间
《国务院办公厅关于推进农村一二三产业融合发展的指导意见》（国办发〔2015〕93 号）	—
《国务院办公厅关于进一步促进农产品加工业发展的意见》（国办发〔2016〕93 号）	2016—2025 年
《全国农业现代化规划（2016—2020 年）》	2016—2020 年
《全国农产品加工业与农村一二三产业融合发展规划（2016—2020 年）》	2016—2020 年
《农业部关于实施农产品加工提升行动的通知》（农加发〔2018〕2 号）	2018—2020 年
《安徽省人民政府办公厅关于推进农村一二三产业（以下简称农村产业）融合发展的实施意见》	2016—2020 年
《安徽省农业现代化推进规划（2016—2020 年）》	2016—2020 年
《安徽省推进农业产业化加快发展实施方案（2017—2021 年）》	2017—2021 年

注：方案和规划实施时间以方案制定的目标年限为依据。

为贯彻落实《国务院办公厅关于推进农村一二三产业融合发展的指导意见》（国办发〔2015〕93 号），安徽省制定了《安徽省人民政府办公厅关于推进农村一二三产业（以下简称农村产业）融合发展的实施意见》，在推进农业全产业链发展中提出“完善农产品产地初加工补助政策，初加工用电享受农用电政策。实施‘绿色皖农’品牌培育计划，打造一批农产品精深加工领军企业”。国家规划中明确提出要促进“农产品加工园区”发展，认为结合优势特色农产品区域和现代农业示范区布局规划，对农产品加工业整体以及加工园区进行科学合理的布局，引导产业向重点功能区和产业园区集聚。国家规划中提出要设立“产业融合先导区”，要求在粮食主产区、特色优势农产品产区、老少边穷地区、加工业优势区，优先培育一批产业融合先导区。但是在安徽省的实施方案中没有涉及。平台建设缺失，实施支持项模糊，在政策支持领域就难以真正达到国家规划中提出来的进一步完善“享受企业所得税优惠政策的农产品初加工范围”；逐步扩大农产品加工企业进项税额核定扣除试点行业范围，尽快统一农产品加工进销项增值税税率，解决农产品加工业增值税高征低扣问题；加快构建覆盖全国的农业信贷担保体系，重点支持新型农业经营主体发展农产品生产、加工、流通和服务、休闲农业和乡村旅游，促进产业融合发展。在“严格保护耕地的前提下，对各类新型农业经营主体建设产后流通、加工配套、休闲农业和乡村旅游设施用地，出台专门政策，解决用地难问题”中，虽然提出了开展现代农业产业园建设，鼓励科技人员、大学生和返乡农民创业就业，打造农业现代化“新引擎”，但是从规划文字表达来看，已经不是农产品加工园概念，而是农业现代创业园概念。《安徽省农业现代化推进规划（2016—2020 年）》提及要发展农产品原料基地和农产品连片地区初加工基地，但是粮、棉、油、果蔬等具体的发展定位和路径不明确，规划思路主要强调区域经济方面的内容。例如，《河南省农业现代化推进规划（2016—2020 年）》八大重大工程中，虽然也涉及区域经济社会发展方面的内容，但每个工程的出发点都是强调产业发展。

二、生鲜冷链物流发展优劣势分析

安徽省农业发展历史悠久，尤其是近几年农产品发展态势快速上升。随着消费需求升级，人们愈发注重饮食结构，对高品质生鲜农产品的需求量大大增加，因此发展农产品生鲜冷链物流迫在眉睫。

较好的物流产业发展基础。安徽省充分利用“一带一路”倡议和长三角城市群发展一体化机遇，凭借承东启西、连接南北的区域位置，快速发展农产品生鲜物流。省政府出台《关于印发进一步支持服务业加快发展若干政策的通知》《关于促进物流业健康发展的实施意见》等多项促进物流业发展的扶持鼓励政策，推动物流业快速有序发展。2017 年安徽省交通运输、仓储和邮政业投资额达到 2036 亿元，促进了省内冷链物流的快速崛起。

潜力可挖的冷链物流市场。一方面，安徽省独具特色的农产品，如宿州砀山梨、怀远石榴、皖南红茶、黄山黑木耳与香菇、贵池秋浦花鳜、安庆大闸蟹等特色农产品的生鲜产品产量和需求量逐年上升，为冷链物流快速发展奠定了坚实基础。另一方面，安徽省也是中医药材生产大省，其中亳州还是国内中药材生产规模最大的专业城市。药品安全关乎生命健康，国内食品和医药冷链物流发展还处于起步阶段，安徽省利用先天的资源优势，助力生鲜和药品冷链物流发展，强势促进传统物流业转型发展。

尚需完善的冷链物流设施配套和服务。2017 年，安徽省冷库库容量约 50 万吨，远远低于排名前三的上海 421 万吨、山东 404 万吨和广东 391 万吨。总体上看，安徽省冷库建设标准化不高，专业化不强，建设分散，冷冻、冷藏数量有限，巨大的数量缺口难以满足安徽省强大的生鲜冷链市场的需求。同时，由于第一方和第二方冷链物流仅限企业需求和辐射域微弱的周边地区，社会效益不明显，而第三方冷链物流经营规模小、服务不成熟，距离低成本高效率的物流目标还有很长的一段路要走。

欠缺冷链物流专业人才。根据相关统计数据，2017 年安徽省普通高校本科农林牧渔类和交通运输类毕业生数量分别为 2042 人和 3404 人，中等专科类学校毕业生数量分别为 2290 人和 6497 人，合计占全省全年毕业生人数的比例为 5.5%。这还不足以满足冷链物流发展的需要。另外，大部分院校物流专业设置的课程中对冷链物流这一领域涉及较少，专业人才储备不足。

三、农业企业发展金融服务情况

近年来，随着国家及省、市级政府对农业企业发展支持政策的完善和落实，皖北涉农企业的政策补贴及融资问题得到改善，但农业企业贷款难、融资成本高的问题仍旧突出。

农业金融服务“雷声大雨点小”、贷款难、流动贷款周期短、融资成本高等问题严重制约企业发展。一是融资难。多数企业只能通过贷款来解决资金短缺问题，金融机构出于降低信贷风险的考虑，对中小企业申请贷款的条件更为严格，强调抵押、质押、保证担保的作用，绝大多数的中小企业很难达到银行的贷款条件。二是担保缺失。银行只认可土地、房产等不动产抵押，对非财政背景的担保公司一般不予受理，导致企业急缺合适的贷款担保和反担保。对于地处农村的中小企业而言，自建厂房及生产基地占用土地多为租赁，受现行法律政策限制，不能够作为银行贷款的抵押担保。三是利费高。除贷款利息外，企业还要支付资产评估费、抵押物登记费、公证费、担保费等费用，大幅增加了贷款费用。

金融保险服务有待增强。农业企业存在的问题是导致贷款难的重要因素。一是企业规模小，抵质押物短缺，尤其是集体土地上的厂房设备做抵押在法律上存在瑕疵；二是“三农”客户大多具有效益低、周期长、受自然条件影响等不确定因素，难以获得有效的贷款支持。金融机构贷款竞争均倾向于大客户，农民或小企业贷款越来越困难。三是农业保险缺失，影响“三农”贷款投放。目前缺少农业专业保险公司，商业保险公司因农业保险效益差，没有国家补贴，除办理麦场火灾险等险种外，基本不办理农业保险，农业生产风险不能被弥补，金融机构对农业生产贷款往往望而却步。

农企融资模式有待创新。以农业经营主体及种养大户、普通农户为扶持对象，创新“互联互保”“基金担保”“政银合作”等农业贷款品种和融资模式，全面启动“三农”金融服务战略合作，加快推动地区农业组织化、信息化、机械化、品牌化、市场化、服务社会化进程。同时创新产业链融资，根据产业链不同环节的需求，针对性地创新融资模式，建立创新平台，通过创新平台整合区域优势资源，为地区产业融资发展提供担保中介。

第二节　安徽省农产品加工业分行业竞争力评估

2015 年在中央农村工作会议中，“农业供给侧结构性改革”首次被提出，农业供给侧结构性改革侧重产业结构调整，优化要素资源配置，促进产业发展。安徽省农业资源丰富，以瓜菜、水果、肉蛋奶、水产品、中药材等农产品的生产、加工、仓储、物流为有效抓手，发展产加销一条龙、贸工农一体化，实现以农业产业化带动工业化、城镇化。农产品加工业是衡量农业现代化水平的重要标志，是经济社会发展的重要支柱产业，也是保障国民营养安全健康的重要民生产业。本节首先构建安徽省农产品加工业综合竞争力评价模型，然后通过模糊综合评价法，考察安徽省农产品加工业内部 12 个具体行业的竞争力状况。

一、指标体系构建

建立一套科学系统的能够反映安徽省农产品加工业产业竞争力的评价指标体系要经过反复论证，构建评价指标时，应遵循目的性与科学性、实用性与先进性、系统全面与重点相结合、动态和静态相结合、独立性、可比性与可操作性相结合的原则。本节在构建评价指标时，在遵循经济竞争力评价指标体系设计原则及明确各类指标所处的地位和相互之间的内在关系的基础上，结合国内相关学者的研究，从四个一级指标入手，分别是发展规模水平、发展能力水平、经济效益水平以及营销能力水平，最终选取 10 个具体指标，构建了供给侧农产品加工业经济竞争力评价指标体系（表 5－2），以定量度量农产品加工业竞争力。各指标的含义及核算公式如下：

（1）产业平均规模 X_1＝产业资产/产业企业数。

（2）产业人均固定资产投资力度 X_2＝产业固定资产原值/产业从业人数。

（3）产业人均装备率 X_3＝产业资本投入/产业从业人数。其中，产业资本投入用产业固定资产净值年均余额与流动资产净值年均余额之和表示。

（4）产业固定资产新度 X_4＝产业固定资产净值年均余额/固定资产原值。该指标大致表示了产业固定资产新旧的相对程度，由于新设备往往包含更多的新技术，因此，固定资产在一定程度上代表了产业技术水平。

（5）产业资产负债率 X_5＝负债总额/资产总额。资产负债率反映在总资产中有多大比例是通过借债来筹资的，也可以衡量企业在清算时保护债权人利益的程度。

（6）产业固定资产实现利税指数 X_6＝产业利税总额/产业固定资产净值年均余额。

（7）产业主营业务利润率 X_7＝（主营业务收入－主营业务成本－主营业务税金及附加）/主营业务收入。主营业务利润率是指企业一定时期主营业务利润同主营业务收入净额的比率。它表明企业每单位的主营业务收入能带来多少的主营业务利润，反映了企业主营业务的获利能力，是评价企业经营效益的主要指标。

（8）产业加工成本费用利润率 X_8＝利润总额/成本费用总额。成本费用利润率指在一定时期内实现的利润与成本费用之比，是反映企业生产成本及费用投入的经济效益指标，同时也是反映降低成本的经济效益的指标。

（9）产业流动资产周转速度 X_9＝主营业务收入/流动资产总额。产业流动资产周转速度指企业一定时期内的主营业务收入净额同平均流动资产总额的比率，流动资产周转率是评价企业资产利用率的重要指标。

（10）产业市场占有率 X_{10}，即产品销售率值，用于反映工业产品已实现销售的程度，分析工业产销衔接情况，研究工业产品满足社会需求程度的指标。

表 5－2　供给侧农产品加工业经济竞争力评价指标体系

评价目标	一级指标	二级指标	单位	指标计算公式
农产品加工业竞争力	发展规模水平	产业平均规模 X_1	万元	产业的企业平均规模＝产业资产/产业企业数
		产业人均固定资产投资力度 X_2	万元	产业人均固定资产投资额＝产业固定资产原值/产业从业人数
		产业人均装备率 X_3	万元	产业人均装备率＝（产业固定资产净值＋流动资产净值）/产业从业人数
	发展能力水平	产业固定资产新度系数 X_4	%	固定资产新度系数＝产业固定资产净值/固定资产原值
		产业资产负债率 X_5	%	产业资产负债率＝负债总额/资产总额
	经济效益水平	产业固定资产实现利税率 X_6	%	产业固定资产实现利税率＝产业利税总额/产业固定资产净值年均余额
		产业主营业务利润率 X_7	%	产业主营业务利润率＝（主营业务收入－主营业务成本－主营业务税金及附加）/主营业务收入
		产业加工成本费用利润率 X_8	%	产业加工成本费用利润率＝利润总额/成本费用总额
	营销能力水平	产业流动资产周转速度 X_9	次/年	产业流动资产周转率（次）＝主营业务收入/流动资产总额
		产业市场占有率 X_{10}	%	即产品销售率

二、产业竞争力评价方法

针对不同的评价对象和目的，有不同的评价方法，合适的方法是得到科学评价结果的前提。在具体的操作过程中，一件事情通常具有多种属性，对其进行评价时需要考虑多项指标，而且我们对一件事情的评判也不是简单的好与坏，而是使用模糊的语言，采用不同程度的评语。针对模糊的评价对象，采用模糊数学的方法进行综合评价通常能够取得良好的效果。模糊综合评价是以模糊数学为基础，应用模糊关系合成的原理，从多个因素对被评价事物的隶属度等级状况进行综合评价的一种方法，模糊综合评价又分为相对偏差模糊矩阵评价和相对优属度矩阵评价①，本书使用前者，简单介绍如下：

设有 $U=\{u_1, u_2, \cdots, u_n\}$，是待评价的 n 个对象集合，$V=\{v_1, v_2, \cdots, v_m\}$，是评价指标集合，将 U 中的每个对象用 V 中的每个指标进行衡量，得到一个观测值矩阵：

$$\mathbf{A}=\begin{bmatrix} a_{11} & a_{12} & \cdots & a_{1m} \\ a_{21} & a_{22} & \cdots & a_{2m} \\ \vdots & \vdots & \vdots & \vdots \\ a_{n1} & a_{n2} & \cdots & a_{nm} \end{bmatrix}$$

其中，a_{ij} 表示第 i 个对象关于第 j 项评价因素的指标值。相对偏差模糊矩阵评价模型的步骤如下：

(1) 建立理想方案

通常将指标分为两类：一类是正向指标，即指标具有越大越好的特征；另一类是逆向指标，即指标“越小越优”，在指标标准化时要区分这两种指标。同时在评价指标体系中，各项指标的计量单位不统一，则计算综合指标之前，要首先进行标准化处理，即通过数学变化

① 胡登峰，王巍，陈菁．安徽省技术创新投融资金融生态环境评价研究［J］．技术经济，2011，30(7)：42-47.

来消除原始变量(指标)量纲影响的方法。因此，指标的标准化过程包括指标类型的区分以及指标数值的无量纲化。

理想方案 $u=(u_1^0, u_2^0, \cdots, u_m^0)$，其中

$$u_j^0=\begin{cases}\min\{a_{ij}\}，当\ a_{ij}\ 为正向指标\\ \max\{a_{ij}\}，当\ a_{ij}\ 为逆向指标\end{cases}$$

(2) 建立相对偏差模糊矩阵 $\boldsymbol{R}$：

$$\boldsymbol{R}=\begin{bmatrix} r_{11} & r_{12} & \cdots & r_{1m} \\ r_{21} & r_{22} & \cdots & r_{2m} \\ \vdots & \vdots & \vdots & \vdots \\ r_{n1} & r_{n2} & \cdots & r_{nm} \end{bmatrix}$$

其中，

$$r_{ij}=\frac{|a_{ij}-u_j^0|}{\max\{a_{ij}\}-\min\{a_{ij}\}}$$

(3) 建立各评价指标的权数 $w_j(j=1, 2, \cdots, m)$

综合评价是通过多项指标来进行的，如果某项指标的数值能明确区分开各个被评价对象，说明该指标在这项评价上的分辨信息丰富，因而应该给该指标以较大的权数；反之，若各个被评价对象在某项指标上的数值差异较小，那么该项指标区分各评价对象的能力较弱，因而应给该指标较小的权数，这就是“变异系数法”。计算各指标的变异系数公式为：

$$v_j=\frac{s_j}{\bar{x}_j}$$

其中，$\bar{x}_j$ 为第 j 项指标的平均值，s_j 是第 j 项指标的标准差。

$$w_j=\frac{v_j}{\sum_{j=1}^{m} v_j}$$

（4）建立综合评价模型

$$F_i = \sum_{j=1}^{m} w_j r_{ij} \, (i = 1, 2, \cdots, n)$$

且若 $F_t > F_s$，则第 t 个对象排在第 s 个对象前，即第 t 个对象优于第 s 个对象。

三、分行业竞争力测算及结果分析

通过对《安徽省统计年鉴（2018）》中相关的数据资料计算整理，得到安徽省农产品加工业竞争力评价指标及基础数据，见表5－3所列。

表 5－3　安徽省农产品加工业竞争力评价指标及基础数据

指　标	X_1	X_2	X_3	X_4	X_5	X_6	X_7	X_8	X_9	X_{10}
农副食品加工业	6523	39.07	63.87	58.96	46.98	40.50	8.40	4.02	4.84	98.39
食品制造业	7361	30.62	44.30	57.26	47.64	40.40	12.53	4.98	4.26	97.96
酒、饮料和精制茶制造业	15854	32.92	76.52	72.04	43.73	66.81	25.66	15.42	1.74	90.27
烟草制品业	551633	112.37	274.50	49.31	28.20	73.63	11.60	6.15	1.28	100.18
纺织业	8256	26.70	37.24	53.24	45.99	37.42	9.34	4.78	3.76	97.79
纺织服装、服饰业	3490	10.01	16.16	57.73	49.11	48.66	9.18	4.01	5.06	98.30
皮革、毛皮、羽毛及其制品和制鞋业	6740	17.30	36.35	68.27	49.04	62.16	10.90	7.08	3.57	97.07
木材加工及木竹藤棕草制品业	3817	24.31	41.52	67.81	41.76	51.69	9.49	5.28	5.17	98.65
家具制造业	5389	35.33	46.39	44.04	44.32	58.83	12.26	5.15	4.33	98.54
造纸及纸制品业	16953	69.63	108.33	68.30	50.81	29.14	13.15	7.05	2.51	98.60
印刷和记录媒介复制业	7871	44.02	60.45	51.39	40.77	37.17	12.59	6.68	2.78	97.13
橡胶和塑料制品业	10405	43.68	71.43	55.60	46.89	44.82	13.83	7.18	2.63	97.63

注：表中资产负债率 X_5 为逆向指标，其他指标均为正向指标。

根据模糊综合评价方法，将表 5－3 中的指标数据依次代入产业竞争力评价模型中，最终得出安徽省农产品加工业竞争力评价结果及排名，见表 5-4 所列。

表 5-4 安徽省农产品加工业竞争力评价结果及排名

指　标	发展规模水平	发展能力水平	经济效益水平	营销能力水平	综合竞争力	排名
烟草制品业	0.7054	0.0265	0.0662	0.0045	0.8026	1
酒、饮料和精制茶制造业	0.0551	0.0282	0.1739	0.0058	0.2630	2
造纸及纸制品业	0.1156	0.0184	0.0378	0.0194	0.1911	3
橡胶和塑料制品业	0.0593	0.0126	0.0553	0.0205	0.1477	4
木材加工及木竹藤棕草制品业	0.0175	0.0270	0.0329	0.0532	0.1306	5
印刷和记录媒介复制业	0.0509	0.0156	0.0405	0.0222	0.1291	6
家具制造业	0.0308	0.0065	0.0484	0.0425	0.1281	7
皮革、毛皮、羽毛及其制品和制鞋业	0.0154	0.0201	0.0597	0.0322	0.1274	8
农副食品加工业	0.0464	0.0151	0.0103	0.0489	0.1207	9
食品制造业	0.0260	0.0132	0.0316	0.0414	0.1120	10
纺织服装、服饰业	0.0169	0.0121	0.0204	0.0517	0.1011	11
纺织业	0.0264	0.0118	0.0161	0.0349	0.0892	12

从模型运算结果中可以看出，在安徽省农产品加工业中，烟草制品业，酒、饮料和精制茶制造业，造纸及纸制品业的竞争力最强，产业竞争力综合指数在 0.15 以上；纺织业的竞争力最弱，综合竞争力指数不足 0.1。

烟草由于受国家产业政策的保护，属于典型的政府管制行业，虽然这个行业只有 6 个规模以上企业，但是总资产达 331 亿元，企业平均规模高达 55 亿元，远高于其他产业，为纺织业平均规模的 158 倍，其固定资产利税率为 73.63%，资产负债率也仅为 28.2%，为 12 个农产品加工行业最低。烟草制品业在产业规模、发展能力、经济效益实现方面与其他产业相比，都具有明显的竞争优势，因此综合竞争力相比其他行业要高出许多。

酒、饮料和精制茶制造业和造纸及纸制品业的产业竞争力仅次于烟草制品业，属于第二梯次。酒、饮料和精制茶制造业在发展规模水平和经济效益水平方面表现优秀，其中经济效益水平为农产品加工业12个子行业之最，但在营销能力水平方面的表现不足。造纸及纸制品业是典型的资金密集型产业，规模效益非常显著，在国家加大节能减排和污染整治力度的情况下，对造纸企业的资金投入和规模提出了更高的要求，因此其发展规模水平仅次于烟草制品业，但在发展能力水平和营销能力水平方面的表现欠佳。这两个农产品加工子行业是安徽省特色优势行业，未来在进一步发展方面，需针对弱势采取相应的措施。

橡胶和塑料制品业、木材加工及木竹藤棕草制品业、印刷和记录媒介复制业、家具制造业和皮革、毛皮、羽毛及其制品和制鞋业的产业竞争力在农产品加工业的12个子行业中处于中等水平，属于第三梯次。本梯次产业在发展规模、发展能力、经济效益、营销能力等方面的表现均可，各方面基本属于均衡发展，从整体来看，在经济效益水平方面的表现尚佳。从以上分析可以得出，这四个产业具有一定的竞争优势，但整体上属于大而不强的产业。

农副食品加工业、食品制造业和纺织服装、服饰业的产业竞争力同处第四梯次，从整体来看，产业发展的综合竞争力稍弱。这三个产业在发展能力水平方面都比较接近，处于相对较低的水平，主要是因为资产负债率水平较高，均接近50%。产业流动资产周转速度基本处于相对较高的水平，纺织服装、服饰业，农副食品加工业和食品制造业分别达到5.06次/年、4.84次/年和4.26次/年，市场占有率也表现较好，在营销能力方面的发展仍有亮点，这三个产业的现实竞争力虽然较弱，但是具有一定的潜在竞争力，有待进一步发展。

纺织业的产业竞争力综合指数在农产品加工业子行业中排名靠后，属于第五梯次。纺织业企业数量众多，但发展规模不大，人均固定资产投资力度和人均装备率均为12个子行业最低；纺织业的主营业务利润率不足10%。该梯次产业与第四梯次产业相比，其发展能力水平、经济效益水平和营销能力水平更低，竞争力较弱。

第三节　安徽省各市农产品加工业发展评价

一、各市农产品加工业总体状况

从 2017 年开始，安徽省及各地市对于农产品加工业产值等指标不再进行统计，而进行发展评价时仍需要相关指标，因此笔者选择 2016 年的数据进行评价。

从图 5-1 和表 5-5 可以看出，2016 年安徽省 16 个地市的农产品加工业产值排名前三位的分别是合肥、安庆和宿州，产值均超过 1000 亿元，其中合肥农产品加工业产值最高达 1744 亿元，占全省农产品加工业产值的 15.29%；合肥、安庆、宿州、蚌埠和阜阳 5 个地市农产品加工业产值占全省的 53.67%；池州最少，不到 140 亿元，只占全省的 1.22%。农产品加工业企业数量安庆市最多，达 939 家，其次是阜阳市有 881 家，农产品加工企业最多的五个城市是安庆、阜阳、合肥、宿州和芜湖，这五个地市农产品加工企业数量占了全省农产品加工企业数量的 51%。

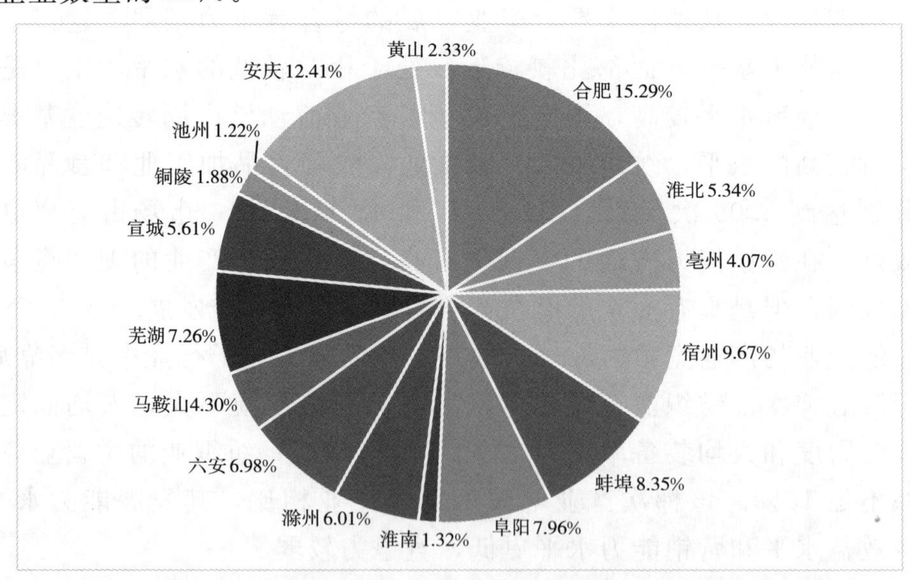

图 5-1　安徽各市农产品加工业总产值占全省的比例

表 5-5 2016 年安徽省各市规模以上农产品加工业概况

指标 地区	农产品加工业总产值（亿元）	农产品加工业总产值与农业总产值的比值	农产品加工业总产值占工业总产值的比例（%）	农产品加工业企业平均规模（亿元）	农产品加工业企业数量占工业企业数量的比例（%）
合肥	1744.37	3.63∶1	17.23	2.18	31.56
淮北	609.30	5.62∶1	33.37	2.03	38.76
亳州	464.77	1.19∶1	44.06	1.04	45.74
宿州	1103.22	2.21∶1	59.68	1.49	56.12
蚌埠	952.43	2.84∶1	32.00	2.13	38.62
阜阳	908.51	1.51∶1	39.62	1.03	51.55
淮南	150.61	0.74∶1	14.95	0.52	48.50
滁州	686.18	1.74∶1	23.99	1.53	28.39
六安	796.85	2.25∶1	48.97	1.66	50.74
马鞍山	490.96	3.24∶1	17.47	1.83	22.08
芜湖	828.32	3.07∶1	13.11	1.47	26.95
宣城	640.51	2.71∶1	33.36	1.40	31.26
铜陵	214.48	2.60∶1	8.87	1.18	33.64
池州	139.19	1.10∶1	17.29	0.69	33.39
安庆	1415.59	3.90∶1	48.63	1.51	53.11
黄山	264.46	2.72∶1	41.71	1.10	42.81

数据来源：根据《安徽省统计年鉴（2017）》、各地市统计年鉴 2017 年计算。

从农产品加工业总产值与农业总产值的比值来看，2016 年全省的比例为 2.43∶1，发达国家的农产品加工业总产值与农业总产值的比值一般为 3∶1～4∶1。其中淮北市的农产品加工业总产值与农业总产值的比值最高，达到 5.62∶1（由于淮北市农业总产值占 GDP 的比例较小，导致农产品加工业总产值与农业总产值的比值较大），其次是安庆为 3.90∶1，合肥为 3.63∶1，马鞍山和芜湖也达到 3.24∶1 和 3.07∶1。亳州、阜阳、淮南、滁州、池州地区的比值均低于 2∶1，属于农产品加工不发达地区，特别是淮南市农产品加工业总产值与农业总产值的比值还不足1∶1。

从16个地市的农产品加工业在整个工业行业中的位置来看，其中宿州、六安、安庆和亳州的农产品加工业总产值占据工业总产值的40%以上，宿州、安庆、阜阳、六安、淮南、亳州和黄山的农产品加工业企业数量占工业企业数量的比例达40%以上。2016年安徽省农产品加工业企业平均规模年产值为1.48亿元，合肥、蚌埠和淮北三个市的农产品加工业企业平均规模年产值超过2亿元，平均规模年产值最大的合肥市达2.18亿元。

从表5-6可以看出，全省16个地市的农产品加工业利润总额占本地区全部工业企业利润的比例，除铜陵占9.58%、芜湖占10.20%、池州占12.86%外，其他城市都占15%以上，尤其是皖北地区的比例更高，其中宿州农产品加工业利润总额占宿州市全部工业企业利润的61.94%，淮北这一比例也高达46.30%，亳州、阜阳、蚌埠、淮南分别为34.55%、31.79%、28.43%和16.37%，由此可以看出，农产品加工业已经成为皖北地区的重要产业之一。但各地市农产品加工业利润对全省的贡献有所差异，其中马鞍山、合肥和滁州三个市占全省农产品加工业的利润比例达到10%以上，加上宿州和淮北，五个市创造了全省一半以上的农产品加工业利润，说明这五个市的农产品加工业在全省占据支配地位。

表5-6 安徽省各市农产品加工业利润

指标/地区	农产品加工业利润总额（万元）	占本地区全部工业企业利润（%）*	占全省农产品加工业利润比例（%）	排名
马鞍山	859671	30.44（7）	14.53	1
合肥	748660	15.13（13）	12.65	2
滁州	657142	19.68（11）	11.11	3
宿州	504095	61.94（1）	8.52	4
淮北	467848	46.30（2）	7.91	5
阜阳	382979	31.79（6）	6.47	6

（续表）

指标 地区	农产品加工业利润总额（万元）	占本地区全部工业企业利润（%）*	占全省农产品加工业利润比例（%）	排名
六安	314261	44.49（3）	5.31	7
芜湖	299598	10.20（15）	5.06	8
宣城	295000	22.05（10）	4.99	9
亳州	288183	34.55（5）	4.87	10
蚌埠	216383	28.43（8）	3.66	11
安庆	213529	26.08（9）	3.61	12
黄山	126610	44.22（4）	2.14	13
淮南	87306	16.37（12）	1.48	14
铜陵	69472	9.58（16）	1.17	15
池州	56963	12.86（14）	0.96	16

数据来源：根据《安徽省统计年鉴 2018》、各地市统计年鉴 2018 年计算。

* （）里面为各市该项指标的排名顺序

二、各市农产品加工业内部结构分析

为了分析安徽省各地市农产品加工业分行业内部发展情况，笔者对各地市农产品加工业分行业产值占本地区农产品加工业总产值的比例进行了统计分析，详细情况见表 5－7 所列。

从表 5－7 可以看出，皖中地区，在农产品加工的 12 个子行业中，农副食品加工业、橡胶和塑料制品业、纺织业、家具制造业、印刷和记录媒介复制业以及食品制造业 5 个子行业占了合肥市农产品加工业产值的 80％以上。其中，农副食品加工业、橡胶和塑料制品业占了 50.8％，说明这两个子行业是合肥市农产品加工业的主导行业。滁州市农副食品加工业，酒、饮料和精制茶制造业，橡胶和塑料制品业 3 个子行业产值占滁州市农产品加工业产值的 64.84％，其中农副食品加工业产值占比达到 36.21％，橡胶和塑料制品业为 17.53％，其他子行业产值的差异不明显，说明滁州市主导的农产品加工业为农副食品加

表5-7 安徽省各市农产品加工业分行业产值占本地区农产品加工业总产值的比例 （单位：%）

行业＼地区	合肥	淮北	亳州	宿州	蚌埠	阜阳	淮南	滁州	六安	马鞍山	芜湖	宣城	铜陵	池州	安庆	黄山
农副食品加工业	25.91	42.33	34.12	34.74	34.18	25.39	73.83	36.21	24.69	36.02	18.36	24.88	26.69	24.84	15.66	8.72
食品制造业	6.48	10.81	8.91	6.40	4.90	9.32	6.06	4.72	4.97	19.61	9.75	3.61	2.37	1.18	3.35	2.64
酒、饮料和精制茶制造业	4.44	8.74	26.21	4.28	4.94	8.56	0.55	11.10	8.32	3.62	1.89	4.11	4.07	6.93	2.66	26.71
烟草制品业	3.91	—	0.36	—	8.34	3.27	—	5.19	—	—	9.06	—	—	—	—	—
纺织业	7.97	5.37	6.44	6.38	9.68	11.69	2.40	4.82	7.15	2.01	6.66	8.52	15.59	6.16	18.32	22.50
纺织服装、服饰业	4.84	9.86	7.94	10.40	9.45	13.14	7.96	5.06	11.09	9.89	9.11	4.02	26.32	26.26	17.74	4.56
皮革、毛皮、羽毛及其制品和制鞋业	2.56	1.12	2.48	5.08	2.57	3.40	1.41	3.57	15.38	1.61	7.52	2.29	2.74	1.92	4.58	0.16
木材加工及木竹藤棕草制品业	0.99	1.90	4.92	18.30	4.47	5.75	2.45	4.20	13.52	1.94	8.31	6.90	6.63	14.35	4.89	7.43
家具制造业	7.90	5.60	2.20	3.60	0.92	4.83	0.42	1.29	4.14	2.91	1.87	1.68	3.02	1.25	2.04	2.22
造纸及纸制品业	2.97	3.33	0.60	3.45	3.60	2.03	1.23	3.57	2.51	13.04	3.91	2.66	1.73	3.69	6.12	2.76
印刷和记录媒介复制业	7.15	2.09	3.03	1.08	6.64	5.58	0.33	2.74	1.59	1.72	5.93	1.57	0.59	4.27	3.20	12.67
橡胶和塑料制品业	24.89	8.86	2.79	6.30	10.28	7.05	3.37	17.53	6.65	7.64	17.61	39.76	10.25	9.15	21.44	9.62

数据来源：根据《安徽省统计年鉴2017》、各地市统计年鉴2017年计算。

工业、橡胶和塑料制品业。六安市农副食品加工业，酒、饮料和精制茶制造业，纺织服装、服饰业，皮革、毛皮、羽毛及其制品和制鞋业、木材加工及木竹藤棕草制品业，橡胶和塑料制品业 6 个子行业的产值占六安市农产品加工业产值的 79.6%，其中农副食品加工业，皮革、毛皮、羽毛及其制品和制鞋业，木材加工及木竹藤棕草制品业占比分别为 24.69%、15.38%和 13.52%，说明这三个子行业是六安市的主导农产品加工业。安庆市农副食品加工业，纺织业，纺织服装、服饰业，橡胶和塑料制品业 4 个子行业的产值占安庆市农产品加工业产值的比例达 73.16%，而且各行业差异不明显，说明这四个子行业都是安庆市的主导农产品加工业。

皖北地区中，淮北市农副食品加工业，食品制造业，酒、饮料和精制茶制造业，纺织服装、服饰业，橡胶和塑料制品业 5 个子行业的工业产值占全部行业的 80.6%，其中农副食品加工业占淮北市农产品加工业产值的 42.33%，说明农副食品加工业是淮北市的主导农产品加工业。亳州市农副食品加工业，食品制造业，酒、饮料和精制茶制造业，纺织业，纺织服装、服饰业 5 个子行业的工业产值占全部行业的 83.62%，其中农副食品加工业和酒、饮料和精制茶制造业分别占亳州市农产品加工业产值的 34.12%和 26.21%，说明这两个子行业是亳州市的主导农产品加工业。宿州市农副食品加工业，食品制造业，纺织业，纺织服装、服饰业，木材加工及木竹藤棕草制品业，橡胶和塑料制品业 6 个子行业产值占宿州市农产品加工业产值的 82.5%，其中农副食品加工业占比达到 34.74%，其次是木材加工及木竹藤棕草制品业为 18.3%，纺织服装、服饰业为 10.4%，说明这 3 个子行业是宿州市的主导农产品加工业。蚌埠市农副食品加工业，烟草制品业，纺织业，纺织服装、服饰业，橡胶和塑料制品业 5 个子行业的产值占蚌埠市农产品加工业产值的 71.9%，其中农副食品加工业占蚌埠市农产品加工业产值的 34.18%，其他 4 个行业占比差异不明显，说明农副食品加工业是蚌埠市的主导农产品加工业。阜阳市农副食品加工业，食品制造业，酒、饮料和精制茶制造业，纺织业，纺织服装、服饰业，橡胶和塑料制品业 6 个子行业的产值占阜阳市农产品加工业产值的

75.1%，其中农副食品加工业，纺织服装、服饰业，纺织业占比分别达到25.39%、13.14%和11.69%，说明这3个子行业是阜阳市的主导农产品加工业。淮南市农副食品加工业，食品制造业，纺织服装、服饰业3个子行业的产值占淮南市农产品加工业产值的87.8%，其中农副食品加工业占淮南市农产品加工业产值的73.83%，说明农副食品加工业是淮南市的主导农产品加工业。

皖南地区中，马鞍山农副食品加工业，食品制造业，纺织服装、服饰业，造纸及纸制品业，橡胶和塑料制品业的产值占马鞍山市农产品加工业产值的86.2%，其中农副食品加工业、食品制造业占马鞍山市农产品加工业的产值分别为36.02%和19.61%，说明这两个子行业是马鞍山市的主导农产品加工业。芜湖市农副食品加工业，食品制造业，烟草制品业，纺织服装、服饰业，木材加工及木竹藤棕草制品业，橡胶和塑料制品业6个子行业的产值占芜湖市农产品加工业产值的72.2%，其中农副食品加工业、橡胶和塑料制品业占比分别为18.36%、17.61%，其他子行业产值的差异不明显。宣城市农副食品加工业、纺织业、木材加工及木竹藤棕草制品业、橡胶和塑料制品业4个子行业的产值占宣城市农产品加工业产值的80%左右，其中农副食品加工业产值、橡胶和塑料制品业产值占比分别为24.88%、39.76%，说明这两个子行业是宣城市的主导农产品加工业。铜陵市农副食品加工业，纺织业，纺织服装、服饰业，橡胶和塑料制品业4个子行业的产值占铜陵市农产品加工业产值的78.85%，其中农副食品加工业和纺织服装、服饰业占比达到53%，说明这两个子行业是铜陵市的主导农产品加工业。池州市农副食品加工业，纺织服装、服饰业，木材加工及木竹藤棕草制品业，橡胶和塑料制品业4个子行业的产值占池州市农产品加工业产值的74.6%，其中农副食品加工业和纺织服装、服饰业占比达到51.1%，说明这2个子行业是池州市的主导农产品加工业。黄山市农副食品加工业，酒、饮料和精制茶制造业，纺织业，印刷和记录媒介复制业，橡胶和塑料制品业5个子行业的产值占黄山市农产品加工业产值的80.2%，其中酒、饮料和精制茶制造业和纺织业占比分别为26.71%和22.5%，说明这2个子行业是黄山市的主导农产品加工业（表5-8）。

表 5-8 安徽各市农产品加工业主导行业

行业 \ 地区	皖中				皖北						皖南					
	合肥	滁州	六安	安庆	淮北	亳州	宿州	蚌埠	阜阳	淮南	马鞍山	芜湖	宣城	铜陵	池州	黄山
农副食品加工业	√	√	√	√	√	√	√	√	√	√	√	√	√	√	√	
食品制造业											√					
酒、饮料和精制茶制造业						√										√
烟草制品业																
纺织业				√					√							√
纺织服装、服饰业				√			√		√					√	√	
皮革、毛皮、羽毛及其制品和制鞋业			√													
木材加工及木竹藤棕草制品业			√				√									
家具制造业																
造纸及纸制品业																
印刷和记录媒介复制业																
橡胶和塑料制品业	√	√		√								√	√			

笔者进一步将农产品加工业划分为五大行业[①]，从表 5-9 可以看出，合肥市、滁州市、宣城市的农产品加工业是以食品工业和橡胶工业为主导行业；淮北市、亳州市、蚌埠市、阜阳市、六安市、铜陵市、池州市、黄山市的农产品加工业都是以食品工业和纺织工业为主导行业；宿州市的农产品加工业是以食品工业、纺织工业和木材工业为主导行业；淮南市的农产品加工业是以食品工业为主导；马鞍山市的农产品加工业是以食品工业、纺织工业和纸品工业为主导；芜湖市、安庆市的农产品加工业是以食品工业、纺织工业和橡胶工业为主导。

表 5-9　安徽各市农产品加工业分行业产值占本地区农产品加工业总产值的比例

（单位：%）

地区＼行业	食品工业	纺织工业	木材工业	纸品工业	橡胶工业
合肥	40.75	15.36	8.89	10.12	24.89
淮北	61.88	16.35	7.50	5.42	8.86
亳州	69.61	16.86	7.12	3.63	2.79
宿州	45.42	21.85	21.90	4.53	6.30
蚌埠	52.37	21.71	5.40	10.25	10.28
阜阳	46.54	28.23	10.58	7.61	7.05
淮南	80.43	11.77	2.87	1.56	3.37
滁州	57.22	13.46	5.49	6.31	17.53
六安	37.97	33.62	17.65	4.10	6.65
马鞍山	59.25	13.50	4.85	14.76	7.64
芜湖	39.07	23.30	10.18	9.85	17.61
宣城	32.60	14.83	8.58	4.23	39.76
铜陵	33.13	44.65	9.65	2.32	10.25
池州	32.94	34.33	15.60	7.97	9.15
安庆	21.68	40.64	6.93	9.32	21.44
黄山	38.07	27.23	9.65	15.43	9.62

数据来源：根据《安徽省统计年鉴 2017》、各地市统计年鉴 2017 年计算。

① 将农副食品加工业，食品制造业，酒、饮料和精制茶制造业，烟草制品业划分为食品工业，将纺织业，纺织服装、服饰业，皮革、毛皮、羽毛及其制品和制鞋业划分为纺织工业，将木材加工及木竹藤棕草制品业、家具制造业划分为木材工业，将造纸及纸制品业、印刷和记录媒介复制业划分为纸品工业，橡胶和塑料制品业划分为橡胶工业。

根据表5－10安徽省各市农产品加工业子行业工业产值占全省加工业子行业工业产值的比例，分析各地市农产品加工业分行业在全省的地位：合肥、宿州、蚌埠和阜阳在全省食品工业中占比较大，最弱的是池州，占比不足1%；纺织工业以安庆、合肥、六安和阜阳最为发达，淮南最弱；木材工业以宿州、合肥和六安最为发达，淮南最弱；纸品工业合肥、安庆和蚌埠占主要地位，淮南和铜陵产值极小；橡胶工业方面合肥、安庆和宣城占主要地位。

表5－10　安徽省各市农产品加工业子行业工业产值占全省加工业子行业工业产值的比例

（单位:%）

地区＼行业	食品工业	纺织工业	木材工业	纸品工业	橡胶工业
合肥	14.06	9.90	13.57	19.77	25.32
淮北	7.46	3.68	4.00	3.70	3.15
亳州	6.40	2.89	2.90	1.89	0.76
宿州	9.91	8.90	21.15	5.59	4.06
蚌埠	9.87	7.64	4.50	10.93	5.71
阜阳	8.36	9.47	8.41	7.75	3.73
淮南	2.40	0.65	0.38	0.26	0.30
滁州	7.77	3.41	3.30	4.85	7.01
六安	5.99	9.90	12.32	3.66	3.09
马鞍山	5.75	2.45	2.08	8.12	2.19
芜湖	6.40	7.13	7.38	9.14	8.51
宣城	4.13	3.51	4.81	3.04	14.85
铜陵	1.41	3.54	1.81	0.56	1.28
池州	0.91	1.77	1.90	1.24	0.74
安庆	6.07	21.25	8.59	14.77	17.70
黄山	1.99	2.66	2.23	4.57	1.48

数据来源：根据《安徽省统计年鉴2017》、各地市统计年鉴2017年计算。

三、各市农产品加工业竞争力的测度

根据已有的研究，考虑到有关统计数据资料的可获得性，本书构建了产业固定资产投资指数、产业平均规模指数、区位熵和产业外向度系数等竞争优势测度指标，对安徽省 16 个地市的农产品加工业竞争力进行分析。

（一）产业固定资产投资指数

产业投资规模直接影响产业竞争力的提升。产业固定资产投资指数指的是，地市某一产业的固定资产投资额与全省相应产业固定资产投资额的比值，该项指数从固定资产投入规模的角度来反映产业的竞争力水平。产业固定资产投资额以农产品加工业各子行业的固定资产净值年平均余额来测算。

从表 5 - 11 可以看出，以产业固定资产投资指数分析，农副食品加工业，合肥、宿州具有竞争力，其次是滁州和淮北；食品制造业，合肥和阜阳最具竞争力，其次是宿州；酒、饮料和精制茶制造业，亳州最具竞争力，其次是滁州，合肥位居第三，六安排名第四；烟草制品业属于特殊行业，安徽省只有六个地市发展该行业，其中蚌埠最具竞争力，其次是滁州，合肥排名第三；纺织业，安庆最具竞争力，其次是合肥、阜阳和蚌埠；纺织服装、服饰业，安庆最具竞争力，阜阳、宿州相当，合肥、亳州相当；皮革、毛皮、羽毛及其制品和制鞋业，宿州和六安最具竞争力，其次是安庆和芜湖；木材加工及木竹藤棕草制品业，宿州最具竞争力，其次是芜湖，六安位居第三，阜阳、宣城和安庆相当；家具制造业，合肥最具竞争力，其次是阜阳和六安；造纸及纸制品业，马鞍山最具竞争力，安庆位居第二，合肥和芜湖相当；印刷和记录媒介复制业，合肥最具竞争力，其次是黄山，阜阳排名第三；橡胶和塑料制品业，合肥最具竞争力，其次是宣城，安庆和芜湖相当。

表 5－11　安徽省各市规模以上农产品加工业各子行业固定资产投资指数

行业＼地区	合肥	淮北	亳州	宿州	蚌埠	阜阳	淮南	滁州	六安	马鞍山	芜湖	宣城	铜陵	池州	安庆	黄山
农副食品加工业	0.16	0.08	0.05	0.11	0.06	0.06	0.07	0.09	0.06	0.06	0.05	0.05	0.02	0.02	0.07	0.01
食品制造业	0.14	0.07	0.04	0.11	0.02	0.14	0.01	0.08	0.04	0.10	0.07	0.03	0.00	0.01	0.06	0.01
酒、饮料和精制茶制造业	0.13	0.08	0.17	0.06	0.03	0.06	0.00	0.14	0.12	0.01	0.03	0.03	0.01	0.01	0.07	0.07
烟草制品业	0.16	—	0.13	—	0.26	0.07	—	0.20	—	—	0.18	—	—	—	—	—
纺织业	0.11	0.03	0.04	0.05	0.07	0.08	0.02	0.05	0.04	0.01	0.05	0.06	0.03	0.01	0.31	0.05
纺织服装、服饰业	0.07	0.06	0.07	0.11	0.04	0.12	0.02	0.04	0.06	0.03	0.07	0.05	0.05	0.03	0.18	0.01
皮革、毛皮、羽毛及其制品和制鞋业	0.08	0.01	0.02	0.18	0.06	0.07	0.03	0.06	0.17	0.00	0.13	0.03	0.01	0.01	0.14	0.00
木材加工及木竹藤棕草制品业	0.01	0.02	0.05	0.20	0.03	0.09	0.04	0.07	0.10	0.01	0.14	0.09	0.01	0.03	0.09	0.03
家具制造业	0.25	0.07	0.06	0.09	0.01	0.16	0.00	0.03	0.15	0.02	0.04	0.04	0.02	0.00	0.05	0.02
造纸及纸制品业	0.09	0.02	0.01	0.06	0.02	0.01	0.03	0.04	0.03	0.39	0.08	0.03	0.01	0.01	0.18	0.02
印刷和记录媒介复制业	0.29	0.03	0.03	0.06	0.07	0.12	0.00	0.06	0.02	0.02	0.09	0.04	0.01	0.02	0.06	0.15
橡胶和塑料制品业	0.32	0.04	0.01	0.03	0.04	0.02	0.00	0.08	0.02	0.01	0.12	0.15	0.01	0.01	0.13	0.02
总体平均投资指数	0.15	0.04	0.06	0.09	0.06	0.08	0.02	0.08	0.07	0.05	0.09	0.05	0.01	0.01	0.11	0.03

（二）产业平均规模指数

产业规模对产业竞争力有着不可忽视的影响，其相对状况也是考察产业竞争力的一个重要方面。产业平均规模指数指的是，地市产业的企业平均规模与全省相应产业的企业平均规模的比值。

从表5-12可以看出，从产业平均规模指数来看，合肥市除了皮革、毛皮、羽毛及其制品和制鞋业，其他行业的产业规模均超过全省平均水平，表现出较强的竞争力。淮北市印刷和记录媒介复制业产业规模与全省平均水平相当，造纸及纸制品业、橡胶和塑料制品业产业平均规模指数低于全省平均水平，其他均高于全省平均水平。亳州市除酒、饮料和精制茶制造业平均规模指数略高于全省平均水平外，其他产业的平均规模指数低于全省平均水平，行业竞争力较弱。宿州市皮革、毛皮、羽毛及其制品和制鞋业、农副食品加工业、木材加工及木竹藤棕草制品业、造纸及纸制品业和纺织服装、服饰业的产业规模均超过全省平均水平，表现出较强的竞争力。蚌埠市产业平均规模指数表现最好的是皮革、毛皮、羽毛及其制品和制鞋业，远高于全省平均水平，其次是酒、饮料和精制茶制造业，只有家具制造业的平均规模指数低于全省平均水平，产业竞争力较强。阜阳市除酒、饮料和精制茶制造业的产业规模与全省平均水平相当外，其他产业的平均规模指数都低于全省平均水平。淮南市没有烟草制品业，其他产业的平均规模指数都低于1，竞争力较弱。滁州市酒、饮料和精制茶制造业产业平均规模指数超过2，表现出很强的竞争力，纺织业与全省平均规模水平相当。六安市家具制造业，食品制造业，酒、饮料和精制茶制造业，纺织服装、服饰业，木材加工及木竹藤棕草制品业，皮革、毛皮、羽毛及其制品和制鞋业，纺织业的产业规模均超过全省平均水平，表现出较强的竞争力，其他行业竞争力较弱。马鞍山食品制造业、造纸及纸制品业的产业平均规模指数超过3，表现出极强的竞争力，酒、饮料和精制茶制造业，农副食品加工业，皮革、毛皮、羽毛及其制品和制鞋业有一定竞争力，其他行业竞争力较弱。芜湖市除食品制造业、造纸及纸制品业和皮革、毛皮、羽毛及其制品和制鞋业有较强的竞争力外，其他行业的竞争力较弱。宣城市除橡胶和塑料制品业以及皮革、毛皮、羽毛及其制品和制鞋业有一定的竞争力外，其他行业竞争力较弱。铜陵市木材加工及木竹藤棕草制品业有较强的竞争力，食品制造业和纺织业的竞争力一般，其他行业的竞争力较弱。池州市没有烟草制品业，竞争力较弱。安庆市纺织业，皮革、毛皮、羽毛及其制品和制鞋业的平均规模指数高于全省平均水平，产业竞争力较强，纺织服装、服饰业、农副食品加工业、造纸及纸制品业、木材加工及木竹藤棕草制品业竞争力尚可，其他行业竞争力不足。黄山市表现最好的是印刷和记录媒介复制业，其产业平均规模指数达到 8.76，在全省具有极强的竞争力，其次只有纺织业平均规模指数高于全省平均水平，其他行业的竞争力较弱。

（三）区位熵

区位熵又称专门化率，是指一个区域某个产业的产值占该区域工业总产值的比重与全省该产业产值占全省工业总产值的比重的比值，即区域比重除以全省比重的熵。区位熵超过 1，说明区域产业的专业化水平超过全省平均水平，其产业能够满足本区域需要，还能够向其他区域输出，具有较强的竞争力；区位熵越大，专业化水平越高；如果区位熵小于或等于 1，则认为该产业在区域内是自给性部门。

从表 5－13 可以看出，从区位熵来看，淮北、亳州等 10 个地市的农副食品加工业区位熵都大于 1，农副食品加工业竞争力较强。食品制造业，亳州、宿州、阜阳和淮北的竞争力比较强。酒、饮料和精制茶制造业，亳州和黄山的竞争力比较强。烟草制品业除亳州外，合肥、蚌埠、阜阳、滁州、芜湖 5 个地市的区位熵都大于 1，其中蚌埠的竞争力最强。纺织业，黄山和安庆的竞争力比较强。纺织服装、服饰业以安庆、宿州和六安具有较强的竞争优势。木材加工及木竹藤棕草制品业，宿州和六安具有支配性的竞争优势。家具制造业中，宿州、阜阳、六安、淮北都具有较强的竞争力。造纸及纸制品业，马鞍山最具竞争优势。黄山在印刷和记录媒介复制业方面具有较强的竞争优势。橡胶和塑料制品业以宣城最具竞争优势。

表 5-12 安徽省各市规模以上农产品加工业各子行业平均规模指数

行业＼地区	合肥	淮北	亳州	宿州	蚌埠	阜阳	淮南	滁州	六安	马鞍山	芜湖	宣城	铜陵	池州	安庆	黄山
农副食品加工业	1.52	1.52	0.86	1.26	1.08	0.73	0.33	1.10	0.92	1.20	0.98	0.83	0.68	0.51	1.09	0.44
食品制造业	1.23	1.22	0.76	0.87	1.19	0.51	0.47	0.80	1.76	3.20	1.85	0.73	1.13	0.27	0.73	0.58
酒、饮料和精制茶制造业	1.71	1.33	1.07	0.77	1.99	1.00	0.23	2.33	1.46	1.40	0.72	0.66	0.80	0.22	0.80	0.53
烟草制品业	1.88	—	0.02	—	1.10	0.41	—	0.49	—	—	—	—	—	—	—	—
纺织业	1.17	1.42	0.40	0.72	1.78	0.65	0.15	1.00	1.10	0.57	0.91	0.78	1.11	0.54	1.54	1.09
纺织服装、服饰业	1.20	1.52	0.59	1.07	1.67	0.91	0.44	0.67	1.40	0.76	0.69	0.62	1.05	0.58	1.24	0.70
皮革、毛皮、羽毛及其制品和制鞋业	0.66	1.51	0.77	1.38	2.71	0.54	0.12	0.71	1.12	1.05	1.12	1.22	0.65	0.30	1.54	0.29
木材加工及木竹藤棕草制品业	1.92	1.14	0.47	1.15	1.72	0.79	0.22	0.80	1.35	0.94	0.85	0.87	1.58	0.71	1.04	0.67
家具制造业	2.17	1.36	0.37	0.92	0.49	0.52	0.26	0.61	2.12	0.99	0.59	0.75	0.90	0.48	0.96	0.54
造纸及纸制品业	1.29	0.86	0.24	1.13	1.08	0.61	0.37	0.73	0.99	3.18	1.76	0.35	0.74	0.77	1.10	0.36
印刷和记录媒介复制业	1.34	1.00	0.50	0.67	1.38	0.95	0.19	0.92	0.71	0.66	0.90	0.46	0.11	0.39	0.85	8.76
橡胶和塑料制品业	1.51	0.98	0.35	0.82	1.20	0.52	0.26	0.81	0.85	0.68	0.95	1.59	0.70	0.61	0.85	0.71
总体平均规模指数	1.47	1.16	0.53	0.90	1.45	0.68	0.25	0.91	1.15	1.22	0.94	0.74	0.79	0.45	0.98	1.22

表 5 - 13 安徽省各市规模以上农产品加工业各子行业区位熵比较

行业＼地区	合肥	淮北	亳州	宿州	蚌埠	阜阳	淮南	滁州	六安	马鞍山	芜湖	宣城	铜陵	池州	安庆	黄山
农副食品加工业	0.60	1.89	2.01	2.77	1.46	1.35	1.48	1.16	1.62	0.84	0.32	1.11	0.32	0.57	1.02	0.49
食品制造业	0.64	2.06	2.24	2.18	0.89	2.11	0.52	0.65	1.39	1.95	0.73	0.69	0.12	0.12	0.93	0.63
酒、饮料和精制茶制造业	0.44	1.68	6.64	1.47	0.91	1.95	0.05	1.53	2.34	0.36	0.14	0.79	0.21	0.69	0.74	6.41
烟草制品业	1.01	—	0.24	—	4.00	1.94	—	1.87	—	—	1.78	—	—	—	—	—
纺织业	0.56	0.74	1.17	1.56	1.27	1.90	0.15	0.48	1.44	0.14	0.36	1.17	0.57	0.44	3.66	3.86
纺织服装、服饰业	0.31	1.23	1.31	2.33	1.13	1.95	0.45	0.46	2.04	0.65	0.45	0.50	0.88	1.70	3.24	0.71
皮革、毛皮、羽毛及其制品和制鞋业	0.39	0.33	0.96	2.67	0.72	1.18	0.19	0.75	6.63	0.25	0.87	0.67	0.21	0.29	1.96	0.06
木材加工及木竹藤棕草制品业	0.10	0.37	1.27	6.39	0.84	1.33	0.21	0.59	3.87	0.20	0.64	1.35	0.34	1.45	1.39	1.82
家具制造业	1.48	2.03	1.05	2.33	0.32	2.08	0.07	0.33	2.20	0.55	0.27	0.61	0.29	0.23	1.08	1.00
造纸及纸制品业	0.52	1.13	0.27	2.09	1.17	0.82	0.19	0.87	1.25	2.32	0.52	0.90	0.16	0.65	3.02	1.17
印刷和记录媒介复制业	1.15	0.65	1.25	0.60	1.98	2.06	0.05	0.61	0.73	0.28	0.73	0.49	0.05	0.69	1.45	4.93
橡胶和塑料制品业	1.09	0.75	0.31	0.95	0.83	0.71	0.13	1.06	0.82	0.34	0.58	3.36	0.23	0.40	2.64	1.02
总体平均区位熵	0.69	1.07	1.56	2.11	1.30	1.62	0.29	0.86	2.03	0.66	0.62	0.97	0.28	0.60	1.76	1.84

（四）产业外向度系数

产业外向度系数＝（区位熵－1）/区位熵。产业外向度系数从理论上表明产业产品的区域输出程度，是衡量一个区域产业对外的开放程度及外部市场扩张能力。外向度系数越大，产业的外向度越高，市场扩张能力就越大，产业竞争力也就越强。

用产业外向度系数来测度不同地市加工业各子行业的竞争力，从表 5－14 可得，合肥的家具制造业、印刷和记录媒介复制业的外部市场扩张能力较强。淮北的食品制造业和家具制造业的外部市场扩张能力较强。亳州的酒、饮料和精制茶制造业的外部市场扩张能力强，竞争力强。宿州的木材加工及木竹藤棕草制品业的竞争优势明显，其次是农副食品加工业和皮革、毛皮、羽毛及其制品和制鞋业。蚌埠的烟草制品业具有较强的竞争优势。阜阳的食品制造业和家具制造业的外部市场扩张能力强，竞争力强。淮南的农副食品加工业具有一定的竞争优势。滁州的烟草制品业和酒、饮料和精制茶制造业的外部市场扩张能力强，竞争力强。六安的皮革、毛皮、羽毛及其制品和制鞋业，木材加工及木竹藤棕草制品业的外部市场扩张能力强，竞争力强。马鞍山的造纸及纸制品业和食品制造业的竞争优势明显。芜湖的烟草制品业具有一定的竞争力。宣城的橡胶和塑料制品业的外部市场扩张能力强，竞争力强，其次是木材加工及木竹藤棕草制品业。铜陵各行业相对来说都不具有外部市场扩张能力。池州的纺织服装、服饰业和木材加工及木竹藤棕草制品业具有外部市场扩张能力，有一定的竞争力。安庆的纺织业，纺织服装、服饰业，造纸及纸制品业具有较强的竞争优势。黄山的酒、饮料和精制茶制造业，印刷和记录媒介复制业的外部市场扩张能力强，竞争力强。

四、各市农产品加工业竞争力综合评价

从总体上看，在安徽省 16 个地市中，合肥市农产品加工业发达，企业规模大、产值高，农产品加工业企业占工业企业的比例较大，农产品加工转化能力强；其次是宿州、安庆、六安和亳州，农产品加工业占比 40％以上；蚌埠、芜湖的农产品加工业产值占农业总产值的比重

表 5-14　安徽省各市规模以上农产品加工业各子行业产业外向度系数比较

行业＼地区	合肥	淮北	亳州	宿州	蚌埠	阜阳	淮南	滁州	六安	马鞍山	芜湖	宣城	铜陵	池州	安庆	黄山
农副食品加工业	−0.68	0.47	0.50	0.64	0.32	0.26	0.32	0.14	0.38	−0.19	−2.11	0.10	−2.16	−0.74	0.02	−1.06
食品制造业	−0.57	0.51	0.55	0.54	−0.12	0.53	−0.94	−0.55	0.28	0.49	−0.37	−0.46	−7.32	−7.60	−0.07	−0.59
酒、饮料和精制茶制造业	−1.27	0.40	0.85	0.32	−0.10	0.49	−20.11	0.35	0.57	−1.75	−6.01	−0.27	−3.82	−0.45	−0.34	0.84
烟草制品业	0.01	—	−3.17	—	0.75	0.49	—	0.46	—	—	0.44	—	—	—	—	—
纺织业	−0.77	−0.36	0.14	0.36	0.22	0.48	−5.79	−1.10	0.31	−5.94	−1.79	0.14	−0.76	−1.28	0.73	0.74
纺织服装、服饰业	−2.20	0.19	0.24	0.57	0.12	0.49	−1.24	−1.19	0.51	−0.54	−1.23	−0.99	−0.14	0.41	0.69	−0.40
皮革、毛皮、羽毛及其制品和制鞋业	−1.58	−2.04	−0.04	0.62	−0.38	0.16	−4.38	−0.33	0.85	−3.04	−0.15	−0.49	−3.68	−2.43	0.49	−15.76
木材加工及木竹藤棕草制品业	−8.97	−1.70	0.21	0.84	−0.19	0.25	−3.67	−0.69	0.74	−4.04	−0.57	0.26	−1.90	0.31	0.28	0.45
家具制造业	0.32	0.51	0.05	0.57	−2.13	0.52	−13.74	−1.99	0.55	−0.81	−2.76	−0.64	−2.44	−3.26	0.07	0.00
造纸及纸制品业	−0.92	0.11	−2.73	0.52	0.15	−0.22	−4.33	−0.15	0.20	0.57	−0.92	−0.11	−5.39	−0.54	0.67	0.15
印刷和记录媒介复制业	0.13	−0.54	0.20	−0.66	0.50	0.52	−21.04	−0.63	−0.38	−2.56	−0.38	−1.05	−19.55	−0.45	0.31	0.80
橡胶和塑料制品业	0.08	−0.34	−2.21	−0.05	−0.20	−0.41	−6.85	0.06	−0.21	−1.96	−0.71	0.70	−3.34	−1.50	0.62	0.02
总体平均外向度系数	−0.45	0.07	0.36	0.53	0.23	0.38	−2.47	−0.16	0.51	−0.52	−0.62	−0.03	−2.56	−0.66	0.43	0.46

比较接近；淮北和马鞍山的农产品加工业产值虽然不是很高，但农产品加工转化能力强，对比之下，阜阳农产品加工业产值虽然较高，但农产品加工转化能力不足，滁州的农产品加工转化能力也有待提高；其他 5 个地市，农产品加工业产值和农产品加工业企业规模都比较小，整体加工转化能力不足。下面对安徽省各市农产品加工业总体的产业固定资产投资指数、产业平均规模指数、区位熵和产业外向度系数分别进行排序分析，如图 5-2 所示。

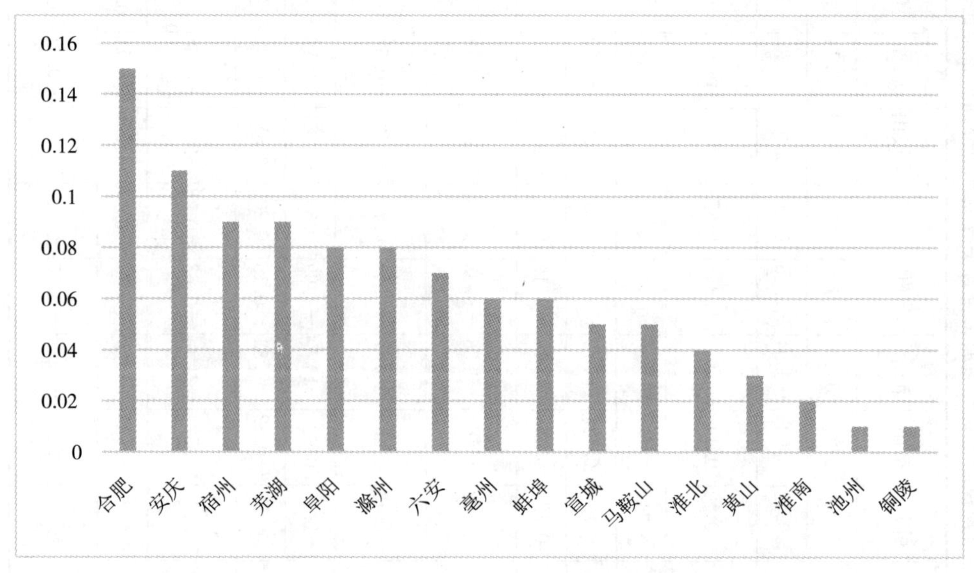

图 5-2　安徽省各市农产品加工业产业固定资产投资指数排名

在产业固定资产投资指数排名方面，排在前五名的分别是合肥、安庆、宿州、芜湖和阜阳。这 5 个市的农产品加工业在固定资产投资方面的力度比较大，一是长期以来积累的较好的发展基础，二是近年来政府和相关行业重视农产品加工业发展，加大了投资力度。而淮南、池州和铜陵在农产品加工业固定资产投资力度方面排在了全省后三位，通过深入分析，导致这种现象的原因，或是这些地市本身的农产品加工业发展基础较弱，或是矿产资源型城市发展转型的重点不在于农产品加工业。

在产业平均规模指数排名方面，排在前五名的分别是合肥、蚌埠、黄山、马鞍山和淮北。这5个市的农产品加工业产业平均规模相对来说比较大，龙头企业数量明显多于其他市（图5－3）。淮南在产业平均规模指数方面垫底，总体上来说，淮南的农产品加工业在体量和产业平均规模方面都比较小。

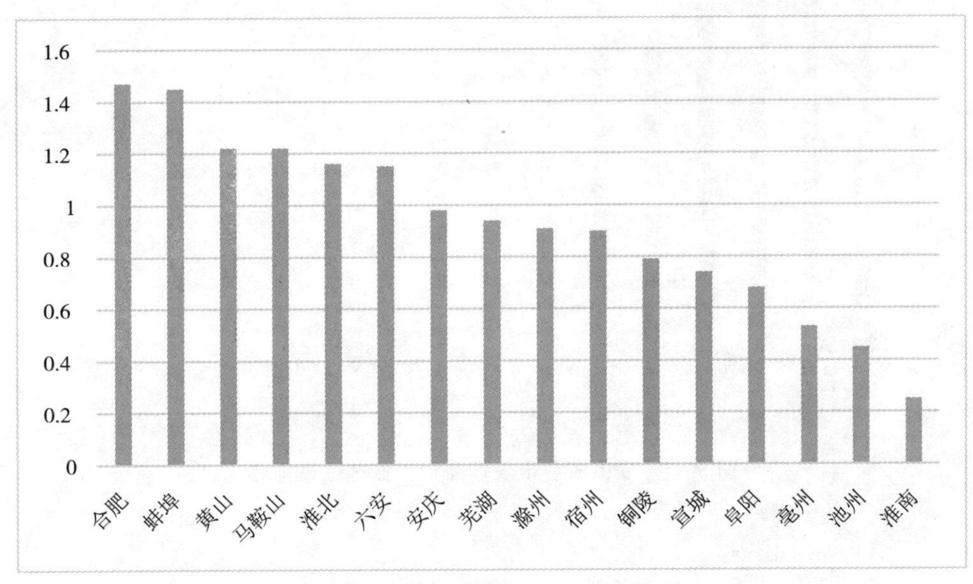

图5－3　安徽省各市农产品加工业产业平均规模指数排名

在农产品加工业区位熵排名方面，排在前五名的分别是宿州、六安、黄山、安庆和阜阳（图5－4），这5个市农产品加工业发展的专业化水平超过全省平均水平，不但能够满足本区域需要，而且向外输出的能力也很强，具有较强的竞争力。同样，排在全省后三名的地市中，池州和淮南榜上有名，铜陵排在了最后一位。从这方面来说，这3个地市的农产品加工业发展仅能满足本区域需要，本区域内的农产品加工业是自给性的。农产品加工业产业外向度系数与区位熵紧密关联（图5－5），产业外向度系数的排名是从另一方面验证了安徽省各市农产品加工业发展的区域输出程度以及各市农产品加工业的对外开放程度。

通过运用产业固定资产投资指数、产业平均规模指数、区位熵以及产业外向度系数等竞争优势的测度体系，对安徽省16个市的农产品

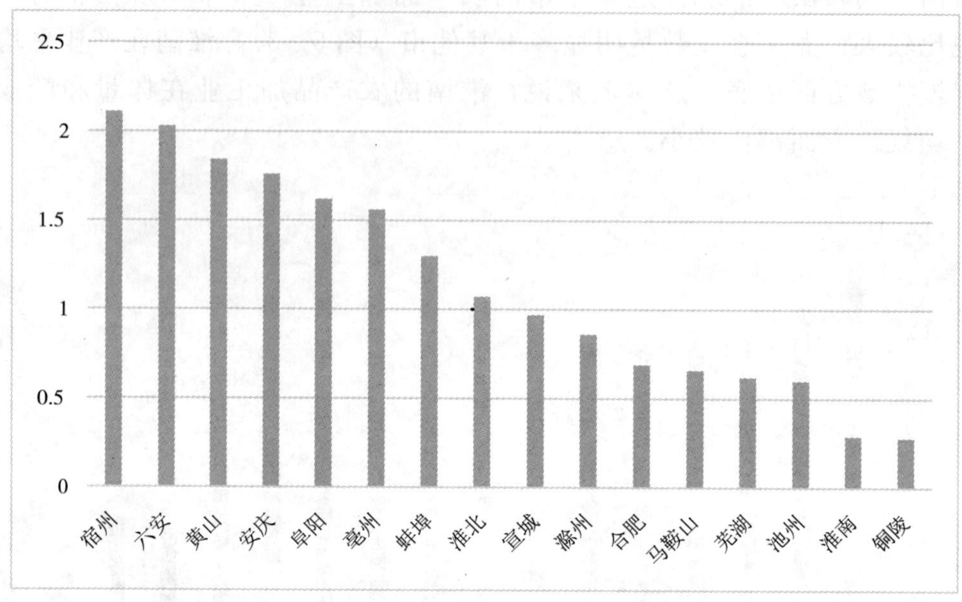

图 5-4 安徽省各市农产品加工业区位熵排名

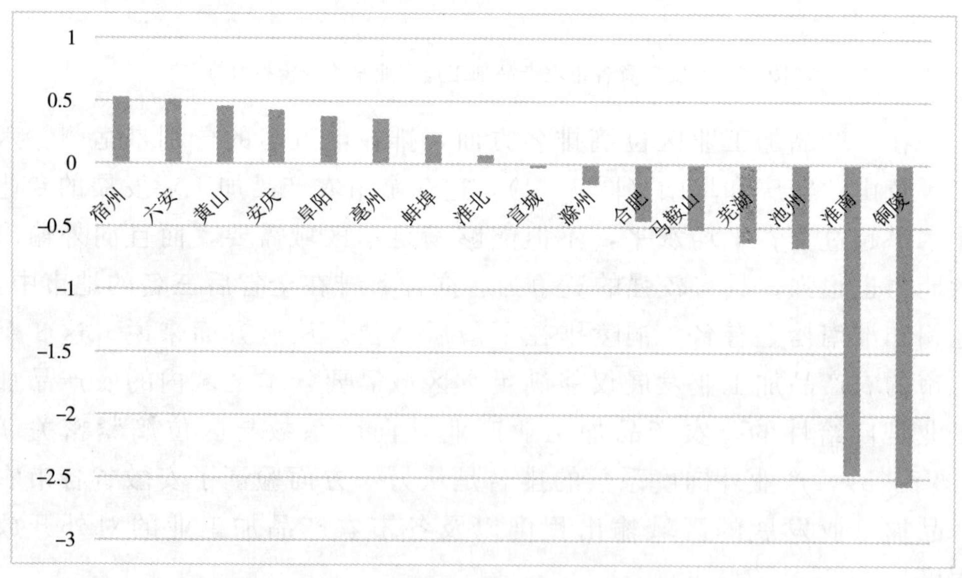

图 5-5 安徽省各市农产品加工业产业外向度系数排名

加工业各子行业的竞争力进行分析。结果如下：合肥的家具制造业、印刷和记录媒介复制业、橡胶和塑料制品业的综合竞争力强；淮北的农副食品加工业、家具制造业和食品制造业的竞争优势明显；亳州的酒、饮料和精制茶制造业的外部市场扩张能力强，竞争力强；宿州整体的农产品加工业竞争力强，尤以农副食品加工业，皮革、毛皮、羽毛及其制品和制鞋业，木材加工及木竹藤棕草制品业具有较强的竞争优势及外部市场扩张能力；蚌埠的烟草制品业和农副食品加工业的竞争优势明显，外部市场扩张能力强；阜阳的纺织服装、服饰业和家具制造业具有较强的竞争优势；淮南的农副食品加工业具有较强的竞争优势及外部市场扩张能力；滁州的酒、饮料和精制茶制造业和农副食品加工业具有一定的竞争力；六安整体的农产品加工业竞争力强，尤以酒、饮料和精制茶制造业，皮革、毛皮、羽毛及其制品和制鞋业和家具制造业的外部市场扩张能力强，竞争力强；马鞍山的食品制造业和造纸及纸制品业具有一定的竞争力和外部市场扩张能力；芜湖的烟草制品业和皮革、毛皮、羽毛及其制品和制鞋业具有较强的竞争优势；宣城的橡胶和塑料制品业竞争优势明显；铜陵和池州整体的农产品加工业竞争力较弱；安庆整体的农产品加工业竞争力强，尤以纺织业和纺织服装、服饰业具有较强的竞争优势；黄山的印刷和记录媒介复制业具有一定的竞争力。

第六章 安徽省农产品加工龙头企业研究

第一节 国内农业产业化龙头企业研究

相关数据显示，截至 2018 年，全国经县级以上农业产业化主管部门认定的龙头企业数量达到 8.7 万家，其中国家级重点龙头企业 1242 家。全年农产品加工业主营业务收入超过 22 万亿元，增速达到 7%，年营业收入达到 100 亿元以上的农业产业化龙头企业有 62 家，50 亿元～99 亿元的企业有 43 家，10 亿元～49 亿元的企业有 288 家，10 亿元以下的企业有 107 家[①]。

一、国内农业产业化企业分布研究

根据地区划分农业产业化龙头企业，可知：山东、河南、四川、江苏、广东等五个省份的国家级农业产业化龙头企业数量最多，分别为 83、52、51、51、50 家，安徽省 43 家，与河北省并列第九位。从区域分布来看，东部、中部、西部的农业产业化龙头企业数量分别为 449、378、268 家，区域差异明显，东部沿海地区和传统农业大省集中分布了 76%的国家级重点农业产业化龙头企业，西部地区各省也通过发挥自身优势，推动农业产业化龙头企业数量和质量“双提高”。龙头企业发展与所处地区的区位和资源等因素密切相关，不同区域的产业差距较大，同区域内的产业集聚现象较明显。各省龙头企业充分发挥比较优势，通过成熟的现代管理制度和完整的产业链条，对接各地

① 数据来源：《2019 年中国新型农业经营主体发展分析报告》。

区小农户生产与消费市场，对本地区的农业生产和农村经济发展起到较强的辐射带动作用。

二、国内农业产业化企业经营领域分析

首先对国内农业产业化龙头企业的经营领域进行归类分析：生产加工型企业占比为96%，农产品专业批发市场类企业占比为1.7%，市场流通型企业占比为2.3%，其中生产加工型企业是指从事农产品生产、加工、制造类型的，需要工厂进行生产加工。各子行业的营业收入差异显著，蛋类加工、中药类和茶类加工企业增长较快，精深加工水平需进一步提升；而烟草等行业的增长速度放缓。这为企业发展提供一定的思考，在扶持农业产业化龙头企业高质量发展的过程中，企业利润率、营收和利润之间的差异化发展也应成为重要的考量标准。

为进一步分析国内大型涉农企业的经营领域，对涉农上市企业进行分析。2018年我国上市公司数量合计3034家，其中涉农类（不包含茶类）企业仅有121家，占比约4%。涉农企业是指参与农业产品加工、销售、研发、服务等活动及从事农业生产资料生产、销售、研发、服务活动的企业。

如图6-1所示，在我国的农业上市公司中，食品制造业占涉农类上市公司的31%，食品加工业同样占比31%，两类农业企业占所有涉农类上市企业的62%，表明我国农业产业化龙头企业主要分布在食品行业。农业种植业占比13%，仅次于食品制造业与食品加工业，主要集中在粮食、油料等品种的种植。牧业养殖业占比12%，渔业养殖业占比8%，林业种植业占比3%，其他2%为相关服务业。

企业在产业链中的位置，对于企业发展和收益有较大影响。我国涉农上市公司主要集中在种植业、养殖业、林业等产业链中游和食品加工业等下游产业，占比70.49%。我国传统农业大省的农业上市公司数量较少，集团性不同业务增加，表明农业上市公司的主营业务已经逐渐脱离传统农作物和农产品；而国外涉农上市公司主要集中在农药、化肥、种子和饲料等产业链上游和纤维提取等下游产业，与国内涉农上市企业分处不同位置，国外一些地区的农产品精深加工水平远

高于国内。

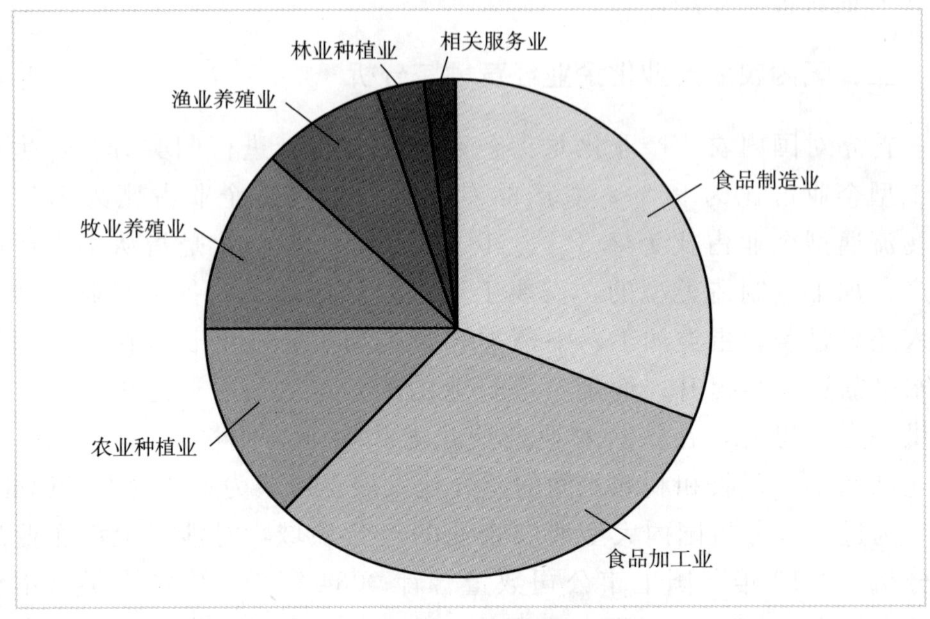

图 6－1　涉农上市企业行业分布图

第二节　安徽省农业产业化龙头企业经营研究

近年来，安徽省大力培育龙头企业、农民合作社和家庭农场，农产品加工业发展迅速。2018 年上半年，全省新增农业产业化龙头企业 486 家，总数达 15990 家。龙头企业带动农产品加工基地建设，促进地区农业结构优化，助力农产品品牌创建。如图 6－2 所示，各省农业产业化龙头企业经营规模和发展情况差距较为显著。全国农业产业化龙头企业营业收入均值为 34.65 亿元，均值以上的龙头企业有 146 家，占企业总数的 17.8%①。虽然从全国来看，企业税后的利润增长空间较大，但是各省发展并不均衡。安徽省企业数量占比相对较高，但营

① 数据来源：《2019 年新型农业产业化主体研究报告》。

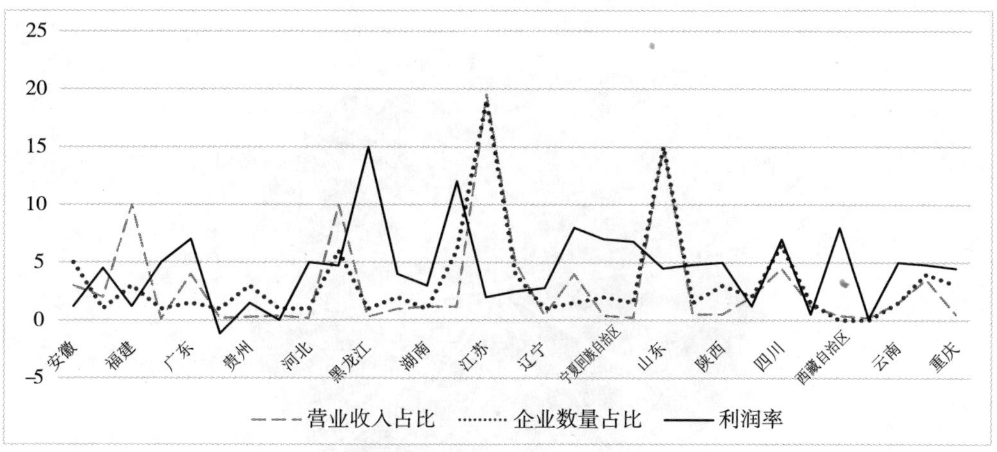

图 6-2 部分省市的农业产业化龙头企业情况

业收入及利润率占比低于部分企业数量占比较低的省份，进一步说明安徽省农业产业化龙头企业数量多，但经济效益相对不高，这与企业经营领域和农产品精深加工水平有关。

一、农业产业化龙头企业地区分布研究

安徽省可分为皖南、皖中及皖北地区。皖南地区包括芜湖、马鞍山、铜陵、宣城、池州、黄山市六市；皖中地区包括合肥、安庆、滁州、六安四市全境及无为、和县、含山等芜湖、马鞍山两市江北辖地；皖北地区包括蚌埠、阜阳、宿州、淮北、淮南、亳州等六市。皖南省级农业产业化龙头企业数量占比为32.92%，皖中占比为36.82%，皖北占比为30.26%，地区分布较为平均，但省内各市差距较大（图6-3）。合肥、安庆、宣城等地的农业产业化龙头企业数量较多，均超过全省的10%，而淮南、淮北、铜陵、马鞍山等地占比较少，均不足全省的5%。企业地区分布与交通、农业基础、经济发展等条件密切相关，皖南地区农业产业化龙头企业主要集中在宣城市，皖中地区农业产业化龙头企业主要集中在合肥、安庆、六安等地，皖北地区农业产业化龙头企业主要集中在亳州、宿州、阜阳等地。

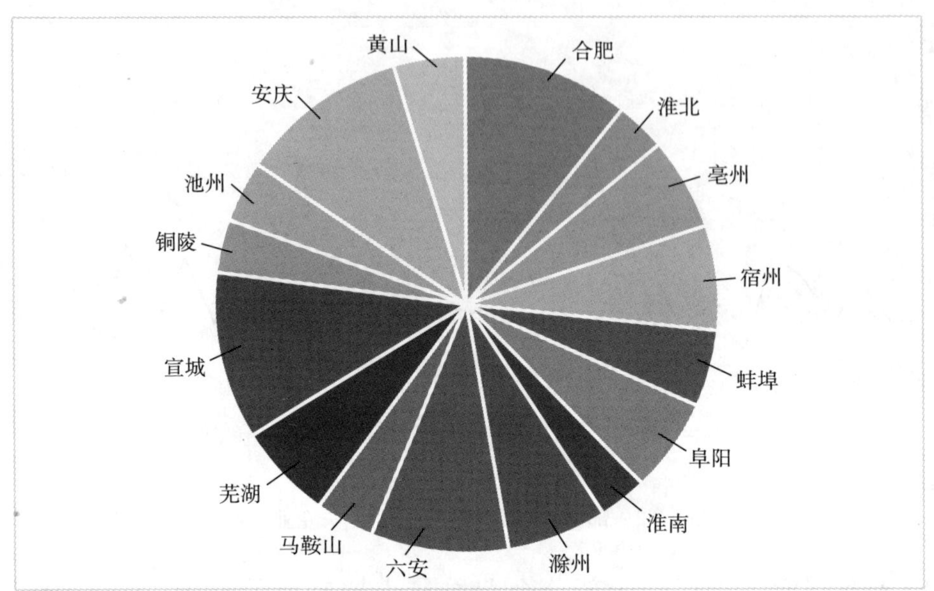

图6-3 安徽省各市农业产业化龙头企业分布图

二、农业产业化龙头企业经营领域研究

安徽省农业产业化龙头企业根据经营领域，可分为生产加工型企业、农产品专业批发市场、市场流通型企业三大类，占比分别为97%、1.2%、1.8%。将安徽省农业产业化龙头企业按照经营领域进行划分，如图6-4所示。

安徽省农业产业化龙头企业的经营范围主要集中于农副产品加工、食品制造及饮料制造等领域，占比超过60%，其中农副产品加工为主导行业，占比超过40%；而纸制品、化学制品等专业技术较为集中的企业数量相对较少，这与专利技术及产权保护等密切相关。而配套服务业、仓储物流等相关企业数量占比相对较小。长期以来，安徽省农产品加工业发展缺乏针对性的扶持和引导，信息、技术、市场、融资等公共服务体系有待完善，是影响三产融合发展的主要原因。促进农业适度规模化经营，以信息化手段为支撑，打造高质量服务平台，依托农村一、二、三产业融合发展集聚区、优势区和实力主体，加大财政支持力度，组建研发中心等，打造一批标准高、服务优、作用强的

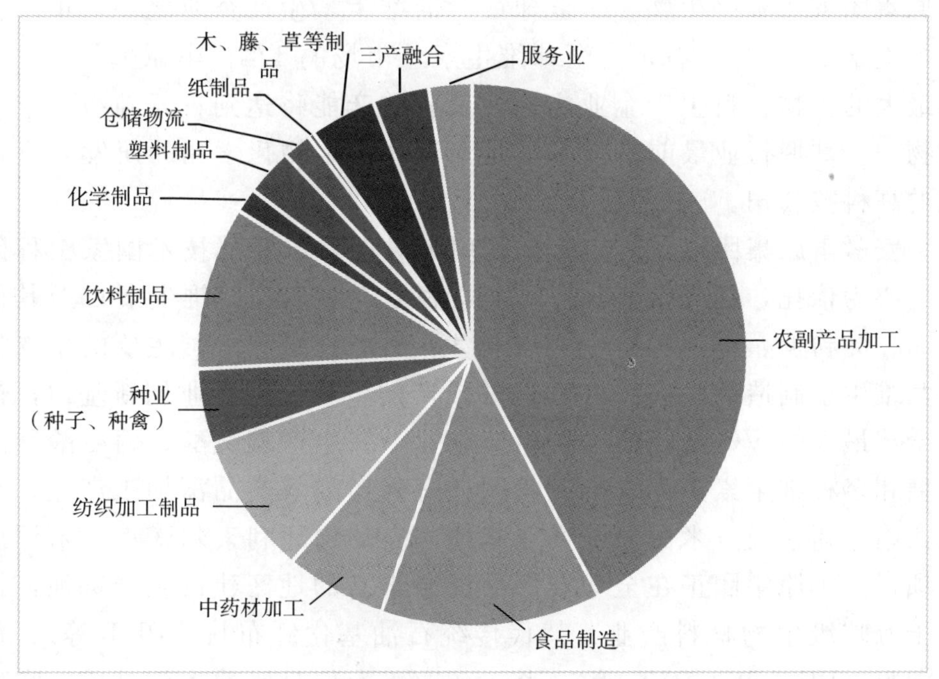

图 6-4　安徽省农业产业化龙头企业经营领域分布图

公共服务平台；夯实产业基础，拓展农业多重功能，充分挖掘农业和农村资源的价值优势，推动农业与休闲旅游、饮食民俗、文化传承、教育体验、健康养生等产业的融合，促进农业农村三产融合发展，实现乡村振兴。

三、省内典型地区企业研究

（一）安徽丰原集团

丰原集团在国内重点打造生物化工、生物医药、生物新材料产业，主要生产有机酸类、氨基酸类、维生素类、医药原料和中间体等系列产品。丰原集团是国内第一批从事生物化工制造的企业，是全球生物化工行业的知名公司，历经三十年发展和积淀，集团已形成维生素、氨基酸、有机酸、医药化工原料四大产品系列。依托集团国内和全球营销网络，产品出口到全球一百多个国家和地区，并与多家国际和国内知名的食品、饮料、化工以及动物营养企业建立了良好的合作关系。

丰原集团下属泰格生物——全球最大的维生素生产企业之一，年产各种维生素 15 万吨左右，占全球维生素总市场的 1/4；丰原生化——全球最大的生物材料生产企业之一，聚乳酸产能将达到百万吨级；丰原生物——掌握行业最前沿技术，是专注高端生物化学品的研发与产业化的高科技公司。

安徽丰原集团以农产品综合利用为导向，以发酵技术国家工程研究中心为依托，建成氨基酸、L-丙氨酸、热电联产、维生素 C 及其衍生品、淀粉糖、维生素 B6、叶酸等生产线，已成为全国主要的生物材料和维生素制造商。2017 年建成并投产的生物制造产业创新基地，包括全球最大的 VC 及其衍生物生产企业，并生产赖氨酸、丙氨酸、淀粉糖和多种维生素产品。丰原集团在海外布局农产品深加工产业，在巴西南马州建设玉米深加工产业基地，启动匈牙利索尔诺克玉米深加工项目。丰原集团正在全球农产品资源丰富的地区建设生产基地，打造千万吨级生物材料产业，替代传统石油基化纤布料（PET 等）、化工塑料（PE、PP、PVC 等），将大幅改善人们日常的生活品质，实现绿色经济的可持续发展①。

（二）三只松鼠

安徽三只松鼠电子商务有限公司是一家以坚果、干果、茶叶等森林食品的研发、分装及网络自有 B2C 品牌销售的现代化新型企业。我国休闲食品行业的年产值由 2010 年的 4014 亿元增长至 2017 年的 9191 亿元，年均复合增长率达 12.56%，且 2018—2020 年仍将保持高速增长，预计由 2018 年的 10297 亿元增长至 2020 年的 12984 亿元，年均复合增长率达 12.29%。三只松鼠的行业市场巨大，2014—2016 年分别实现营业收入 9.24 亿元、20.43 亿元、44.23 亿元，营收年增长率均超过 100%。

三只松鼠的发展可以分为三个阶段。

第一阶段：从无到有，三只松鼠成长为互联网坚果销量领先品牌。创业伊始，三只松鼠大胆创新，跳出传统的商业模式，不断强化购物

---

① 资料来源：安徽丰原集团网站、《安徽日报》等。

体验和文化认同。从卖萌营销，到开箱器、湿巾和垃圾袋的贴心服务，三只松鼠围绕消费者需求，带给消费者超预期的消费体验。凭借互联网强大的信息技术，三只松鼠打造互联网新农业生态圈，带动了上游的500多家合作伙伴，下游则对接了7000多万名消费者，共同分享互联网红利。自建云中央品控平台和中创食品检测有限公司，把农产品的生产者和消费者连接起来，通过用户评价及检测数据对上游生产者进行实时品质倒逼改善。三只松鼠的根本性颠覆在于通过"互联网+"和大数据推动了农业供给侧结构性改革，在提高行业效率、降低成本的同时，提升了用户体验，更好地满足消费者需求[①]。

第二阶段：从有到多，三只松鼠进军全种类零食。2017年之前，三只松鼠尝试跨界，从坚果扩大到全品类零食，成长为中国零食第一品牌。如今，三只松鼠的产品种类达到600多种，包括坚果、花茶、果干、肉脯、烘焙等各类零食，60%是零食类产品。在坚果及零食产业之外，三只松鼠相继推出松鼠文化动画片，不断试水跨界产品，持续强化三只松鼠的品牌IP，并以独特的松鼠文化贯穿全产业链，三只松鼠在全球范围内建立原产地农场，实现坚果、干果、花茶等系列产品的原产地生产。目前三只松鼠一手抓扩品类，一手抓内容赋能，提升松鼠品牌的IP化和人格化。

第三阶段：三只松鼠正转型成为供应链平台企业，以更高的效率、更个性化的产品和更优的品质，重新定义新零食，实现"从多到强"。三只松鼠通过掌握大数据，数字化改造并赋能传统供应链，进一步提升食品行业的生产效率，通过柔性制造和智能制造，成长为基于信息技术和大数据下的供应链平台企业。

---

① 资料来源：三只松鼠公司网站。

第七章　安徽省农产品加工业发展情况预测

安徽省农产品加工业结构、产业布局的不断调整，对省内各市基础设施、资源要素、环境等方面的需求不断提升。正确认识未来安徽省农产品加工业对区域基础设施、资源要素、环境的需求，对今后农产品加工业转型升级具有重要意义。对近年来安徽省农产品加工业产值、人力资源、配套化服务业发展、电力水利等基础设施情况以及环境保护现状进行定性和定量分析，运用灰色系统理论预测模型，对未来5～10年的安徽省农产品加工业产值、人员需求、配套化服务业等方面的发展趋势进行预测。

第一节　预测方法介绍

灰色模型（grey models）是通过少量的、不完全的信息，建立灰色微分预测模型，对事物发展规律做出模糊性的长期描述。

构建灰色系统预测模型的步骤为：

(1) 数据处理

假设某个原始的数据数列的形式为：$X^{(0)}=(X^{(0)}(1)，X^{(0)}(2)，\cdots，X^{(0)}(n))$，其中，$X^{(1)}(k)$ 为累加生成序列，即 $X^{(1)}(k)=\sum_{n=1}^{k}X^{0}(n)，k=1，2，...，n$。原始数据多表现为随机的、无规律的且有清晰的摆动。如果把原始数据数列一次累加，则生成一个新的数据数列：

$$X^{(1)}=[X^{(1)}(1)，X^{(1)}(2)，\cdots，X^{(1)}(n)]$$

以上新生成的数据数列表现为单调递增，具有一定的规律性，使得原始数据数列的波动性减弱，增强了其稳定性。

(2) 构建微分方程

灰色系统预测模型的核心思想是把时间序列数列转变为微分方程数列，进而构建一个反映抽象系统的变化特征的动态模型，也就是GM(1，1) 模型，其白化微分方程的表达形式为：

$$\frac{\mathrm{d}X^{(1)}}{\mathrm{d}t}+\alpha X^{(1)}=\mu$$

其中：α 为待辨识参数，μ 为待辨识内生变量。

设待辨识向量 $\hat{\alpha}=\begin{bmatrix}\alpha\\ \mu\end{bmatrix}=(\boldsymbol{B}^{\mathrm{T}}\beta)^{-1}\boldsymbol{B}^{\mathrm{T}}Y_n$，式中

$$\boldsymbol{B}=\begin{bmatrix}-\frac{1}{2}[X^{(1)}(1)+X^{(1)}(2)] & 1\\ -\frac{1}{2}[X^{(2)}(1)+X^{(1)}(3)] & 1\\ \vdots & \vdots\\ -\frac{1}{2}[X^{(1)}(n-1)+X^{(1)}(n)] & 1\end{bmatrix}\qquad \boldsymbol{Y}_n=\begin{bmatrix}X^{(0)}(2)\\ X^{(0)}(3)\\ \vdots\\ X^{(0)}(n)\end{bmatrix}$$

由上述计算结果可以得到 GM(1，1) 预测模型：

$$\hat{X}^{(1)}(k+1)=\left[X^{(0)}(1)-\frac{\mu}{\alpha}\right]\mathrm{e}^{-\alpha k}+\frac{\mu}{\alpha}$$

(3) 模型验证与误差分析。根据上述预测模型，预测未来拟合数量，并与每年的实际数量进行对比，得出误差检验表。

① 模型的残差检验。即：

$$\text{平均相对误差 }\varepsilon(\text{average})=\frac{1}{n-1}\sum_{k=2}^{n}|\varepsilon(k)|$$

② 关联度检验。检验模型的曲线形状与原始数据曲线的形状接近的程度。

设 $\Delta(k)=\left|X^{(0)}(k)-\hat{X}^{(1)}(k)\right|$，则 $\Delta_{\max}=\max_{k}\Delta(k)$，$\Delta_{\min}=\min_{k}\Delta(k)$

计算关联系数与关联度：

$$\eta(k)=\frac{\Delta_{\min}+\rho\Delta_{\max}}{\Delta(k)+\rho\Delta_{\max}} \qquad \gamma=\frac{1}{n}\sum_{k=1}^{n}\eta(k)$$

当 $\rho=0.5$，关联度 $\gamma=0.702>0.6$，较为满意。

③ 精度检验，对模型进行后验差检验(表 7－1)。

计算原始数据的均方差 S_1：$S_1^2=\frac{1}{n}\sum_{k=1}^{n}\left[X^{(0)}(k)-\overline{X}\right]^2$

与残差均方差 S_2：$S_2^2=\frac{1}{n}\sum_{k=1}^{n}\left[\Delta^{(0)}(k)-\overline{\Delta}\right]^2$

计算后验比 c：$c=\frac{S_2}{S_1}$

小误差概率 p：$p=\{\left|\Delta^{(0)}(k)-\overline{\Delta}\right|<0.6745S_1\}$

表 7－1　预测精度判断标准

预测精度等级	P	C
优	>0.95	<0.35
良	>0.80	<0.5
中	>0.70	<0.65
差	$\leqslant 0.70$	$\geqslant 0.65$

(4) 预测。经过对预测模型的检验，若预测模型精度较好，可用于对原始数据进行中长期预测。

第二节　安徽省总体发展情况预测

随着安徽省农产品深加工与粗加工结构的调整，农产品加工业产值进一步提升。正确认识和把握未来皖北地区农产品加工业的产值变化，对今后安徽省农产品加工业转型升级及合理制定目标具有重大的意义。预测安徽省及省内各市未来的农产品加工业产值需要考虑多种因素，既包括政策、经济、技术、社会等因素，又包括产业及企业本身的一些因素，形成一个复杂动态的系统。安徽省及省内各市未来规模以上农产品加工企业[①]产值的预测，既含有已知确定信息又含有未知非确定信息，是一个典型的灰色系统，可以采用灰色预测方法建立模型，对其进行预测。

(1) 根据原始数据序列 $X^{(0)}$，累加生成 1 - AGO 序列 $X^{(1)}$。由表 7 - 2 可以得到 2010—2016 年规模以上农产品加工企业产值的原始数据 $X^{(0)}$ = [4242.42，6072.82，7222.9，8379.82，9633.67，10513.4，11511.77，13655.26]，累加生成的 1 - AGO 序列：

$X^{(1)}$ = [4242.42，10315.24，17538.14，25917.96，35551.63，46065.03，57576.8，71232.06]

表 7 - 2　2010—2016 年安徽省规模以上农产品加工企业产值

（单位：亿元）

年份	2010	2011	2012	2013	2014	2015	2016	2017
产值	4242.42	6072.82	7222.9	8379.82	9633.67	10513.4	11511.77	13655.26

数据来源：安徽省各市统计年鉴。

(2) 构建累加矩阵 $\boldsymbol{B}$ 与常数向量 $\boldsymbol{Y}_n$。

$$\boldsymbol{B}=\begin{bmatrix} -7278.83 & 1 \\ -13926.69 & 1 \\ -21728.05 & 1 \\ -30734.795 & 1 \\ -40808.3 & 1 \\ -51820.9 & 1 \\ -64404.4 & 1 \end{bmatrix} \qquad \boldsymbol{Y}_n=\begin{bmatrix} 6072.82 \\ 7222.9 \\ 8379.82 \\ 9633.67 \\ 10513.4 \\ 11511.77 \\ 13655.26 \end{bmatrix}$$

---

① 研究报告规模以上农产品加工统计行业包括：农副食品加工业，食品制造业，饮料制造业，烟草制品业，纺织业，纺织服装、鞋、帽制造业，皮革、毛皮、羽毛（绒）及其制品业，木材加工及木、竹、藤、棕、草制品业，家具制造业，造纸及纸制品业，塑料橡胶制品业等。

(3) 用最小二乘法解灰参数 $\hat{\alpha}$：$\hat{\alpha}=\begin{bmatrix}\alpha\\ \mu\end{bmatrix}=(\boldsymbol{B}^{\mathrm{T}}\boldsymbol{B})^{-1}\boldsymbol{B}^{\mathrm{T}}\boldsymbol{Y}_n=\begin{bmatrix}0.3002\\ 2265.5\end{bmatrix}$

(4) 由上述计算结果可以得到 GM(1，1) 预测模型：

$$\hat{X}^{(1)}(k+1)=\left[X^{(0)}(1)-\frac{\mu}{\alpha}\right]\mathrm{e}^{-\alpha k}+\frac{\mu}{\alpha}=14666.81-15704.39\mathrm{e}^{-0.3002k}$$

(5) 模型验证与误差分析。根据上述预测模型，预测每年规模以上农产品加工企业产值，并与每年的实际数量进行对比，得出误差检验表（表 7-3）。

表 7-3 规模以上农产品加工企业产值实际值与预测值对比及误差检验表

年份	原始数据	拟合数值	绝对误差	相对误差（%）	关联系数 η
2010	4242.42	4242.42	0	0	1
2011	6072.82	6051.386	21.434	0.353	0.939
2012	7222.9	7285.579	−62.679	0.868	0.841
2013	8379.82	9040.391	−660.571	7.883	0.333
2014	9633.67	10166.069	−532.399	5.526	0.383
2015	10513.4	11073.899	−560.499	5.331	0.371
2016	11511.77	11746.306	−234.536	2.037	0.585

① 模型的残差检验。即：

$$\text{平均相对误差}\ \varepsilon(\text{average})=\frac{1}{n-1}\sum_{k=2}^{n}|\varepsilon(k)|=3.57\%$$

建模精度 $P^0=(1-3.57)\times 100\%=96.43\%>90\%$，精度良好。

② 关联度检验。检验模型的曲线形状与原始数据曲线的形状接近的程度。

当 $\rho=0.5$，关联度 $\gamma=0.612>0.6$，较为满意。

③ 精度检验，对模型进行后验差检验。

经计算，$S_1=2857.9777$，$S_2=202.291$，后验比 $c=S_2/S_1=$

0.0946<0.5。

小误差概率 p：$p=\{|\Delta^{(0)}(k)-\bar{\Delta}|<0.6745S_1\}=1>0.95$。

(6) 预测。经过对预测模型的检验，可知预测模型精度良好，可适度参考，用于对安徽省今后规模以上农产品加工企业产值的中短期预测。

预计到 2020 年，安徽省规模以上农产品加工企业产值可达 14200 亿元左右，到 2025 年产值将超过 14400 亿元，为农产品加工业发展相关规划目标的设定提供依据（表 7－4）。

表 7－4　2018—2025 年安徽省规模以上农产品加工企业产值预测值

（单位：亿元）

年份	2018	2019	2020	2022	2025
产值	13886.4449	14088.8135	14238.703	14349.7225	14431.9519

第三节　各市发展情况预测

为安徽省各市农产品加工业的目标制定提供理论参考，为制定农产品加工业规划提供依据，现对安徽省各市未来几年内的规模以上农产品加工企业产值情况进行预测，见表 7－5 所列。

从预测数据来看，到 2020 年，安徽省内规模以上农产品加工企业产值突破 500 亿元的城市有合肥、芜湖、安庆、蚌埠、马鞍山、滁州、宣城、六安、阜阳、亳州、淮北、宿州等；突破 1000 亿元的城市有合肥、芜湖、安庆、宿州等，其中合肥市规模以上农产品加工业产值突破 2000 亿元，是安徽省内首个突破 2000 亿元的城市。到 2025 年，安徽省内规模以上农产品加工业产值突破 500 亿元的城市有合肥、芜湖、蚌埠、马鞍山、安庆、滁州、宣城、六安、阜阳、亳州、淮北及宿州；其中超 1000 亿元的城市有合肥、芜湖、蚌埠、安庆、六安、宿州等，其中仍仅有合肥市产值突破 2000 亿元。

表 7-5 2018—2025 年安徽省各市规模以上农产品加工企业产值预测值

（单位：亿元）

年份	2018	2019	2020	2021	2022	2025
合肥	1990.6960	2018.6933	2039.8457	2055.8267	2067.9006	2083.9150
芜湖	970.8434	989.1670	1002.8894	1013.1660	1020.8620	1034.1740
蚌埠	940.3120	954.4910	960.5598	975.0701	985.4686	1006.7960
马鞍山	604.1182	617.4834	627.1398	634.1164	639.1570	647.3311
铜陵	253.7090	258.3064	261.8337	264.5399	266.6162	270.3692
安庆	1517.4343	1537.5790	1553.1743	1565.2476	1574.5943	1591.7685
黄山	288.7479	291.5360	293.6432	295.2359	296.4397	306.3495
池州	147.8405	148.8012	149.5096	150.0313	150.4157	163.7656
滁州	744.5267	756.8111	766.2421	773.4826	779.0412	789.1003
宣城	703.3712	710.8115	716.4772	720.7916	724.0770	738.7839
六安	968.4085	981.6192	991.5904	999.1163	1004.7968	1012.3203
阜阳	945.9625	955.2382	962.4909	968.1618	972.5960	980.8938
亳州	537.2261	548.8029	557.3714	563.7134	568.4073	576.3562
淮北	624.6089	628.25204	631.1233	633.3863	635.1698	638.5564
淮南	261.3588	267.6062	272.1991	275.5755	278.0576	282.2104
宿州	1127.3312	1143.5288	1155.5869	1164.5635	1171.2461	1182.6810

分地区来看，合肥、芜湖等皖江地区的农产品加工业发展势头较好，在安徽省具有领先地位。皖江地区交通便利，为农产品原材料运输以及加工产品输出提供良好的条件。皖北地区是安徽省内农产品加工业发展的主要区域。2018 年皖北六市规模以上农产品加工业预测产值为 4436.8 亿元，超出全省规模以上农产品加工业产值的 1/3；农产品加工业通过保鲜、储藏、加工等环节延长农业产业链、增加产品的附加值。皖北是我国重要的农副产品的核心产区，农副产品加工原料充足，具有发展农副产品加工业的区位优势；同时皖北各市人口较多，

尤其是阜阳、宿州等市，常住人口分别约为800万人、560万人，城镇化率分别是41.75%、41.56%，为农业发展和农产品加工业发展提供充足的人力资源。以六安为主的皖西地区依托独特的自然资源，发展茶叶、棉、油等农产品，形成独特的产品特色，具有较好的发展前景。黄山等皖南部分城市以发展旅游业为主，农业及农产品加工业为副业，因此和省内其他城市相比存在较大的差距。

第八章　支撑安徽省农产品加工业发展的要素预测

随着安徽省农产品加工业的逐渐调整，精深加工和粗加工的比例逐渐增大，对劳动人员、物流、电力等资源要素的需求也逐渐改变，掌握相关支撑要素的变动趋势和方向，对未来农产品加工业要素资源的需求进行预测，提前做好要素供给，有利于产业的快速发展。

第一节　人力资源需求总预测及各市情况比较分析

一、安徽省农产品加工企业人员总体情况预测

随着安徽省农产品深加工与粗加工结构的调整，企业对科技人员、职业工人、职业经理人等方面的需求也会随之增加。正确认识和把握未来安徽省农产品加工企业对劳动人员的需求，对今后安徽农产品加工业转型升级具有重大的意义。预测安徽省未来农产品加工企业对劳动人员的需求量需要考虑多种因素，既包括政策、经济、技术、社会等因素，又包括产业及人才本身的一些因素，形成一个复杂的动态的系统。

(1) 根据原始数据序列 $X^{(0)}$，累加生成1-AGO序列 $X^{(1)}$。由表8-1可以得到2010—2017年农产品加工企业劳动人员的原始数据 $X^{(0)}=[81, 73.44, 91.38, 98.23, 99.45, 99.69, 97.06, 92.4]$，累加生成的1-AGO序列：

$$X^{(1)}=[81, 154.44, 245.82, 344.05, 443.5, 553.19, 640.25, 732.65]$$

表 8-1　2010—2017 年安徽省规模以上农产品加工企业人员数量

（单位：万人）

年份	2010	2011	2012	2013	2014	2015	2016	2017
人数	81.00	73.44	91.38	98.23	99.45	99.69	97.06	92.40

数据来源：安徽省及各市统计年鉴。

（2）构建累加矩阵 $\boldsymbol{B}$ 与常数向量 $\boldsymbol{Y}_n$。

$$\boldsymbol{B}=\begin{bmatrix} -117.72 & 1 \\ -200.13 & 1 \\ -294.94 & 1 \\ -393.78 & 1 \\ -493.35 & 1 \\ -591.72 & 1 \\ -686.45 & 1 \end{bmatrix} \qquad \boldsymbol{Y}_n=\begin{bmatrix} 73.44 \\ 91.38 \\ 98.23 \\ 99.45 \\ 99.69 \\ 97.06 \\ 92.4 \end{bmatrix}$$

（3）用最小二乘法解灰参数 $\hat{\alpha}$：$\hat{\alpha}=\begin{bmatrix} \alpha \\ \mu \end{bmatrix}=(\boldsymbol{B}^{\mathrm{T}}\boldsymbol{B})^{-1}\boldsymbol{B}^{\mathrm{T}}\boldsymbol{Y}_n=\begin{bmatrix} 0.24 \\ 23.63 \end{bmatrix}$

（4）由上述计算结果，可以得到 GM(1，1) 预测模型：

$$\hat{X}^{(1)}(k+1)=\left[X^{(0)}(1)-\frac{\mu}{\alpha}\right]\mathrm{e}^{-\alpha k}+\frac{\mu}{\alpha}=97.2-16.2\mathrm{e}^{-0.24k}$$

（5）模型验证与误差分析。根据上述预测模型，预测每年加工企业劳动人员的数量，并与每年的实际数量进行对比，得出误差检验表（表8-2）。

① 模型的残差检验。即：

$$平均相对误差\ \varepsilon(\text{average})=\frac{1}{n-1}\sum_{k=2}^{n}|\varepsilon(k)|=6.74\%$$

表 8-2 规模以上加工企业就业人数实际值与预测值对比及误差检验表

年份	原始数据	拟合数值	绝对误差	相对误差（%）	关联系数 η
2010	81	81	0	0	1
2011	73.44	87.24	−13.8	18.79	0.33
2012	91.38	89.39	1.99	2.18	0.78
2013	98.23	91.07	7.16	7.29	0.49
2014	99.45	92.4	7.05	7.09	0.5
2015	99.69	93.43	6.26	6.27	0.53
2016	97.06	94.25	2.81	2.89	0.71
2017	92.4	94.88	−2.48	2.68	0.74

建模精度 $P_0=(1-6.74)\times 100\%=93.26\%>90\%$，精度较高。

② 关联度检验。检验模型的曲线形状与原始数据曲线的形状接近的程度。

当 $\rho=0.5$，关联度 $\gamma=0.635>0.6$，较为满意。

③ 精度检验，对模型进行后验差检验。

经计算，$S_1=8.97$，$S_2=4.07$，后验比 $c=S_2/S_1=0.45<0.5$。

小误差概率 p：$p=\{|\Delta^{(0)}(k)-\overline{\Delta}|<0.6745S_1\}=0.875>0.8$。

(6) 预测。经过对预测模型的检验，可知预测模型精度良好，可用于安徽省各地区今后对规模以上农产品加工企业加工人员需求数量的中长期预测（表 8-3）。

表 8-3 2018—2025 年安徽省规模以上农产品加工企业加工人员预测值

（单位：万人）

年份	2018	2019	2020	2021	2022	2025
人数	95.38	95.78	96.08	96.33	96.51	96.87

现代产业发展对技术人才的需求不断增加，安徽省农产品加工企业对专业加工人员的需求也在不断提高，为促进农产品加工业快速发展，需要积极提供专业人员技能培训，培育职业经理人、职业农民、农产品加工专业人员，为安徽省农产品加工业发展提供人才支撑。

二、安徽省各市农产品加工企业人员预测分析

农产品加工业属于劳动密集型产业，需要大量劳动力加入，以实现规模化生产，想要加快安徽省各市农产品加工业的发展步伐，不仅需要科技、原材料、装备等因素的支撑，还需要充足的劳动人数，尤其是经过培训的劳动力。根据安徽省农产品加工企业加工人员数量的预测方法，预测省内各市在未来 5～10 年内规模以上农产品加工企业劳动人员数量，见表 8－4 所列。

表 8－4　2018—2025 安徽省各市规模以上农产品加工企业劳动人员数量预测

（单位：万人）

年份	2018	2019	2020	2021	2022	2025
合肥	14.358	14.41	14.452	14.485	14.511	14.56
芜湖	7.715	7.737	7.755	7.769	7.780	7.801
蚌埠	4.649	4.667	4.682	4.694	4.703	4.720
马鞍山	3.430	3.440	3.452	3.457	3.460	3.465
铜陵	1.966	2.024	2.066	2.095	2.116	2.154
安庆	14.962	15.029	15.134	15.376	15.408	15.570
黄山	2.312	2.320	2.326	2.330	2.334	2.341
池州	1.868	1.873	1.877	1.880	1.882	1.887
滁州	7.547	7.641	7.714	7.769	7.811	7.869
宣城	6.65	6.652	6.654	6.656	6.657	6.66
六安	8.486	8.488	8.489	8.491	8.492	8.494
阜阳	8.781	8.892	9.004	9.107	9.212	9.723
亳州	5.233	5.271	5.301	5.324	5.342	5.376
淮北	4.315	4.442	4.563	4.679	4.792	5.016
淮南	2.145	2.157	2.167	2.180	2.185	2.192
宿州	8.587	8.659	8.714	8.758	8.791	8.854

从预测数据来看，到 2020 年，安徽省各市规模以上农产品加工企

业劳动人员数量超过 10 万人的城市仅有合肥和安庆，其中安庆则是安徽省内劳动人员数量最多的城市，人数超 15 万人；其次为合肥，超 14 万人。到 2025 年，省内各市规模以上农产品加工企业劳动人员数量超过 10 万人的城市仍仅有合肥、安庆，阜阳紧随其后，规模以上企业劳动人数约为 9.7 万人。

分地区来看，合肥、安庆、芜湖等市的规模以上农产品加工企业劳动人员数量较多，约占全省的 1/2，其中人员数量最多的两市均在皖江地区，为皖江地区农产品加工业发展提供人力支撑。同时皖江地区的人口优势远不如皖北地区，但其农产品加工业的劳动人员数量高于皖北地区，主要有两个原因：一是皖江地区农产品加工企业以精深加工为主，科技和装备运用程度高，加工能力强，劳动带动能力高于其他地区；二是阜阳、亳州等皖北地区为农民工流动大市，人口流向各个发达地区，人口优势并未得到充分凸显。皖北地区人员总量次之，约占全省的 1/3，其中阜阳、宿州、亳州等市的人员总量优势凸显，这与该地区的人口资源优势密切相关。同时就皖北地区农产品加工业发展现状而言，虽然皖北地区农产品加工业的发展势头较好，但由于农产品经营主体多而不强，对地区经济和就业的带动能力不如皖江地区部分城市，并且较多企业仍处于农产品初级加工阶段，存在加工效率低、产品附加值低、技术含量低、农产品利用率低等现象，对农村劳动人员的带动能力十分有限。

第二节　电力需求总预测及各市情况比较分析

一、安徽省电力需求总预测分析

机械化、自动化在农产品加工业中的运用影响加工企业对电力的需求。预测安徽省未来农产品加工企业对电力的需求需要考虑多种因素，既包括政策、技术、社会等因素，又包括电力生产方面的环保因素，形成一个复杂的动态的系统。安徽省农产品加工对电力的需求预测既含有已知确定信息又含有未知非确定信息，是一个典型的灰色系统，可以采用灰色预测方法建立模型对其进行预测。

表 8－5 2010—2017 年安徽省规模以上农产品加工企业用电量

（单位：亿千瓦时）

年份	2010	2011	2012	2013	2014	2015	2016	2017
电力需求	83.14	93.57	103.6	108.6	114.53	124.46	130.27	143.16

数据来源：安徽省及各市统计年鉴。

（1）根据原始数据序列 $X^{(0)}$，累加生成 1－AGO 序列 $X^{(1)}$。由表 8－5 可以得到 2010—2017 年农产品加工企业劳动人员的原始数据：$X^{(0)}=[81.14，93.57，103.60，108.60，114.53，124.46，130.27，143.16]$，累加生成的 1－AGO 序列：

$$X^{(1)} = [83.14，176.71，280.31，388.91，503.44，627.90，758.17，901.33]$$

（2）构建累加矩阵 $\boldsymbol{B}$ 与常数向量 $\boldsymbol{Y}_n$。

$$\boldsymbol{B}=\begin{bmatrix} -129.925 & 1 \\ -228.51 & 1 \\ -334.61 & 1 \\ -446.18 & 1 \\ -565.67 & 1 \\ -693.04 & 1 \\ -829.75 & 1 \end{bmatrix} \qquad \boldsymbol{Y}_n=\begin{bmatrix} 93.57 \\ 103.60 \\ 108.60 \\ 114.53 \\ 124.46 \\ 130.27 \\ 143.16 \end{bmatrix}$$

（3）用最小二乘法解灰参数 $\hat{\alpha}$：$\hat{\alpha}=\begin{bmatrix} \alpha \\ \mu \end{bmatrix}=(\boldsymbol{B}^{\mathrm{T}}\boldsymbol{B})^{-1}\boldsymbol{B}^{\mathrm{T}}\boldsymbol{Y}_n=\begin{bmatrix} 0.263 \\ 40.978 \end{bmatrix}$

(4) 由上述计算结果可以得到 GM(1, 1) 预测模型:

$$\hat{X}^{(1)}(k+1)=\left[X^{(0)}(1)-\frac{\mu}{\alpha}\right]e^{-\alpha k}+\frac{\mu}{\alpha}=81.14-156.524e^{-0.263k}$$

(5) 模型验证与误差分析。根据上述预测模型，预测每年加工企业劳动人员的数量，并与每年的实际数量进行对比，得出误差检验表(表 8－6)。

表 8－6 规模以上加工企业就业人数实际值与预测值对比及误差检验表

年份	原始数据	拟合数值	绝对误差	相对误差(%)	关联系数 η
2010	83.14	83.14	0	0	1.000
2011	93.57	93.575	－0.0049	0.005	0.999
2012	103.60	108.075	－4.4743	4.319	0.598
2013	108.60	119.234	－10.6340	9.792	0.385
2014	114.53	127.823	－13.2932	11.608	0.33
2015	124.46	134.434	－9.9740	8.014	0.4
2016	130.27	139.522	－9.2522	7.102	0.418
2017	143.16	143.438	－0.2783	0.194	0.96

① 模型的残差检验。即:

$$平均相对误差\ \varepsilon(\text{average})=\frac{1}{n-1}\sum_{k=2}^{n}|\varepsilon(k)|=5.862\%$$

建模精度 $P_0=(1-5.862)\times100\%=94.138\%>90\%$，精度较高。

② 关联度检验。检验模型的曲线形状与原始数据曲线的形状接近的程度。

当 $\rho=0.5$，关联度 $\gamma=0.636>0.6$，较为满意。

③ 精度检验，对模型进行后验差检验。

经计算，$S_1=18.431$，$S_2=5.100$，后验比 $c=S_2/S_1=0.277<0.3$。

小误差概率 p：$p=\{|\Delta^{(0)}(k)-\bar{\Delta}|<0.6745S_1\}=0.875>0.8$。

(6) 预测。经过对预测模型的检验，可知预测模型精度较高，可用于安徽省各地区今后对规模以上农产品加工企业加工人员需求数量的中长期预测。

表 8-7　2018—2025 年安徽省规模以上农产品加工企业电力需求量预测值

（单位：亿千瓦时）

年份	2018	2019	2020	2021	2022	2025
电力需求	146.453	148.772	150.558	151.932	152.9899	154.913

安徽省农产品加工业用电预测结果显示，未来几年内规模以上农产品加工企业用电量需求逐渐增长，为保障农业健康有序发展，用电部门需要根据预测用电量调整电量供给，避免供不应求。

二、各市电力需求预测分析

农产品加工业的进一步发展，需要不断优化生产设备和生产技术。近年来在环保需求不断增强、科技水平不断提高的背景下，农村农用机械设备数量增加，农村用电情况改善，农产品初级加工的动力机械和作用机械不断增加，加工规模不断扩大。

从表 8-8 来看，到 2020 年，安徽省各市规模以上农产品加工企业用电需求超 10 亿千瓦时的城市包括：合肥、芜湖、蚌埠、马鞍山、安庆等市，其中合肥市用电需求最高，将超过 20 亿千瓦时；到 2025 年，合肥市规模以上农产品加工企业用电需求将超过 21 亿千瓦时，为全省最高。在未来几年内，省内各市规模以上农产品加工企业用电需求将不同程度地增加或减少，其中合肥、芜湖、蚌埠、马鞍山、铜陵、黄山、池州、滁州、宣城、六安、阜阳、亳州、淮北、宿州等城市的电力需求不同程度地增加，安庆和淮南的规模以上农产品加工企业用电需求则呈递减状态，这与工业转型密切相关。

表 8－8　2018—2025 年安徽各市规模以上农产品加工企业用电需求预测

（单位：亿千瓦时）

年份	2018	2019	2020	2021	2022	2025
合肥	20.458	20.691	20.871	21.009	21.115	21.307
芜湖	10.472	10.638	10.765	10.862	10.936	11.068
蚌埠	10.921	11.069	11.183	11.27	11.337	11.459
马鞍山	16.777	17.058	17.27	17.43	17.552	17.765
铜陵	3.020	3.110	3.170	3.240	3.505	3.907
安庆	20.698	19.501	19.043	18.416	18.114	16.914
黄山	6.309	6.439	6.535	6.605	6.657	6.743
池州	2.649	2.65	2.695	2.711	2.724	2.748
滁州	10.282	10.439	10.560	10.654	10.727	10.862
宣城	11.838	11.893	11.936	11.9704	11.997	12.048
六安	7.174	7.276	7.355	7.417	7.466	7.589
阜阳	9.029	9.164	9.245	9.383	9.490	9.721
亳州	6.662	6.725	6.775	6.814	6.846	6.936
淮北	2.953	2.978	2.998	3.014	3.027	3.051
淮南	4.469	4.429	4.378	4.315	4.236	3.863
宿州	15.902	16.045	16.156	16.241	16.307	16.427

分地区来看，合肥、芜湖等皖江地区的规模以上农产品加工企业未来几年内的用电需求接近全省同类用电需求总量的一半，皖江地区部分城市的农产品加工以精深加工为主，机械设备等配套化装备比较完善，科技含量较高，因此用电需求高水平增长，同样该地区农产品加工业生产总值、利润等指标也会高于其他地区。皖北地区规模以上农产品加工企业未来几年内的用电需求接近全省同类用电需求的 1/3，一直以来皖北地区农业发展以粗加工为主，需要大量人力、物力投入，且产出效率较为有限，随着科技水平的提高，农用机械设备数量增加，

农村用电情况有所改善。2017 年皖北农业机械总动力（不含农用运输车）约 3600 万千瓦；农村用电量约 140 亿千瓦时，增长 12.8%。

第三节　水资源总预测及各市情况比较分析

一、安徽省总体水资源预测情况

安徽省作为全国粮食主产区，农业畜牧业对安徽省经济发展做出较大贡献，在节能环保等方面的约束下，传统农业畜牧业的发展对当地水资源产生较大的压力，如何发展适度的农业畜牧业，需要对未来水资源需求及供水量进行预测。安徽省发展农业畜牧业对水资源需求及对供水量的预测既含有已知确定信息又含有未知非确定信息，是一个典型的灰色系统，可以采用灰色预测方法建立模型对其进行预测。

（一）安徽省农业用水需求量预测分析

根据表 8－9，预测未来 5～10 年内的安徽省农业用水需求，进而根据供水情况确定水资源供给、使用的分配情况，从而提高资源利用率。

表 8－9　2010—2017 年安徽省农业用水总量（单位：亿立方米）

年份	2010	2011	2012	2013	2014	2015	2016	2017
农业用水总量	168.92	169.24	165.68	162.09	142.83	157.50	159.60	158.15

数据来源：《安徽省统计年鉴》。

(1) 根据原始数据序列 $X^{(0)}$，累加生成 1－AGO 序列 $X^{(1)}$。由表 8－9 可以得到 2010—2017 年安徽省农业用水总量的原始数据 $X^{(0)}=[168.92, 169.24, 165.68, 162.09, 142.83, 157.50, 159.60, 158.15]$，累加生成的 1－AGO 序列：

$X^{(1)}$ = [168.92，338.16，503.84，665.93，808.76，966.26，1125.86，1284.01]

(2) 构建累加矩阵 $\boldsymbol{B}$ 与常数向量 $\boldsymbol{Y}_n$。

$$\boldsymbol{B}=\begin{bmatrix}-253.54 & 1\\ -421.00 & 1\\ -584.89 & 1\\ -737.35 & 1\\ -887.51 & 1\\ -1046.10 & 1\\ -1204.90 & 1\end{bmatrix}\qquad \boldsymbol{Y}_n=\begin{bmatrix}169.24\\ 165.68\\ 162.09\\ 142.83\\ 157.50\\ 159.60\\ 158.15\end{bmatrix}$$

(3) 用最小二乘法解灰参数 $\hat{\alpha}$：$\hat{\alpha}=\begin{bmatrix}\alpha\\ \mu\end{bmatrix}=(\boldsymbol{B}^{\mathrm{T}}\boldsymbol{B})^{-1}\boldsymbol{B}^{\mathrm{T}}\boldsymbol{Y}_n=\begin{bmatrix}0.224\\ 34.621\end{bmatrix}$

(4) 由上述计算结果，可以得到 GM(1，1) 预测模型：

$$\hat{X}^{(1)}(k+1)=\left[X^{(0)}(1)-\frac{\mu}{\alpha}\right]\mathrm{e}^{-\alpha k}+\frac{\mu}{\alpha}=168.92-34.621\mathrm{e}^{-0.224k}$$

(5) 模型验证与误差分析。根据上述预测模型，预测安徽省每年农业用水总量，并与每年的实际用水量进行对比，得出误差检验表(表 8-10)。

① 模型的残差检验。即：

$$\text{平均相对误差 }\varepsilon(\text{average})=\frac{1}{n-1}\sum_{k=2}^{n}|\varepsilon(k)|=2.401\ \%$$

表 8-10 安徽省农业用水总量实际值与预测值对比及误差检验表

年份	原始数据	拟合数值	绝对误差	相对误差（%）	关联系数 η
2010	168.920	168.920	0	0	1.000
2011	169.240	169.129	0.1114	0.066	0.9884
2012	165.680	166.147	−0.4672	0.282	0.9532
2013	162.090	163.765	−1.6750	1.033	0.8503
2014	142.830	161.863	−19.0316	13.325	0.33
2015	157.500	160.341	−2.8408	1.804	0.7701
2016	159.600	159.126	0.4744	0.297	0.9525
2017	158.150	158.155	−0.0047	0.003	0.9995

建模精度 $P_0=(1-2.401)\times 100\%=97.599\%>90\%$，精度较高。

② 关联度检验。检验模型的曲线形状与原始数据曲线的形状接近的程度。

当 $\rho=0.5$，关联度 $\gamma=0.8555>0.6$，较为满意。

③ 精度检验，对模型进行后验差检验。

经计算，$S_1=7.939$，$S_2=2.787$，后验比 $c=S_2/S_1=0.351<0.5$。

小误差概率 p：$p=\{|\Delta^{(0)}(k)-\bar{\Delta}|<0.6745S_1\}=0.875>0.8$。

（6）预测。经过对预测模型的检验，可知预测模型精度良好，可用于安徽省农业用水总量的中长期预测。

表 8-11 2018—2025 年安徽省农业用水总量预测值

（单位：亿立方米）

年份	2018	2019	2020	2021	2022	2025
农业用水总量	157.379	156.759	156.264	155.868	155.552	154.936

（二）安徽省工业用水需求量预测分析

根据 2010—2017 年安徽省工业用水情况，预测未来 5～10 年内的安徽省工业用水需求，进而根据供水情况，确定水资源供给、使用的分配情况，从而提高资源利用率。

(1) 根据原始数据序列 $X^{(0)}$，累加生成 1-AGO 序列 $X^{(1)}$。由表 8-12 可以得到2010—2017 年安徽省工业用水总量的原始数据：$X^{(0)}=[95, 91.36, 95.02, 98.43, 92.71, 94.51, 93.09, 92.22]$，累加生成的 1-AGO 序列：

$$X^{(1)}=[95, 186.36, 281.38, 379.81, 472.52, 567.03, 660.12, 752.34]$$

表 8-12 2010—2017 年安徽省工业用水总量（单位：亿立方米）

年份	2010	2011	2012	2013	2014	2015	2016	2017
工业用水总量	95.00	91.36	95.02	98.43	92.71	94.51	93.09	92.22

数据来源：《安徽省统计年鉴》。

(2) 构建累加矩阵 $\boldsymbol{B}$ 与常数向量 $\boldsymbol{Y}_n$。

$$\boldsymbol{B}=\begin{bmatrix} -140.68 & 1 \\ -233.87 & 1 \\ -330.595 & 1 \\ -426.17 & 1 \\ -519.78 & 1 \\ -613.58 & 1 \\ -706.23 & 1 \end{bmatrix} \qquad \boldsymbol{Y}_n=\begin{bmatrix} 91.36 \\ 95.02 \\ 98.43 \\ 92.71 \\ 94.51 \\ 93.09 \\ 92.22 \end{bmatrix}$$

(3) 用最小二乘法解灰参数 $\hat{\alpha}$：$\hat{\alpha}=\begin{bmatrix} \alpha \\ \mu \end{bmatrix}=(\boldsymbol{B}^{\mathrm{T}}\boldsymbol{B})^{-1}\boldsymbol{B}^{\mathrm{T}}\boldsymbol{Y}_n=\begin{bmatrix} 0.229 \\ 22.075 \end{bmatrix}$

(4) 由上述计算结果可以得到 GM(1, 1) 预测模型：

$$\hat{X}^{(1)}(k+1)=\left[X^{(0)}(1)-\frac{\mu}{\alpha}\right]\mathrm{e}^{-\alpha k}+\frac{\mu}{\alpha}=95-92.078\mathrm{e}^{-0.229k}$$

(5) 模型验证与误差分析。根据上述预测模型预测安徽省每年工业用水总量，并于每年实际量进行对比得出误差检验表(表 8-13)。

表 8-13　安徽省工业用水总量实际值与预测值对比及误差检验表

年份	原始数据	拟合数值	绝对误差	相对误差(%)	关联系数 η
2010	95.000	95.000	0	0	1.000
2011	91.360	92.698	-1.338	1.465	0.674
2012	95.020	92.571	2.449	2.577	0.540
2013	98.430	92.470	5.960	6.055	0.330
2014	92.710	92.390	0.320	0.345	0.898
2015	94.510	92.326	2.184	2.311	0.567
2016	93.090	92.276	0.814	0.874	0.776
2017	92.220	92.235	-0.015	0.016	0.996

① 模型的残差检验。即：

$$\text{平均相对误差}\ \varepsilon(\text{average})=\frac{1}{n-1}\sum_{k=2}^{n}|\varepsilon(k)|=1.949\ \%$$

建模精度 $P_0=(1-1.949)\times 100\%=90.051\%>90\%$，精度较高。

② 关联度检验。检验模型的曲线形状与原始数据曲线的形状接近的程度。

当 $\rho=0.5$，关联度 $\gamma=0.723>0.6$，较为满意。

③ 精度检验，对模型进行后验差检验。

经计算，$S_1=2.078$，$S_2=0.831$，后验比 $c=S_2/S_1=0.4<0.5$。

小误差概率 p：$p=\{|\Delta^{(0)}(k)-\bar{\Delta}|<0.6745S_1\}=0.875>0.8$。

(6) 预测。经过对预测模型的检验，可知预测模型精度良好，可用于安徽省工业用水总量的中长期预测（表 8-14）。

表 8-14 2018—2025 年安徽省工业用水总量预测值

（单位：亿立方米）

年份	2018	2019	2020	2021	2022	2025
工业用水总量	92.203	92.178	92.157	92.141	92.128	92.104

（三）安徽省总供水量预测分析

根据 2010—2017 年安徽省供水总量，预测未来 5～10 年内的安徽省水资源供给情况，进而根据农业和工业用水情况，确定水资源供给、使用分配情况，从而提高资源利用率（表 8-15）。

表 8-15 2010—2017 年安徽省供水总量　（单位：亿立方米）

年份	2010	2011	2012	2013	2014	2015	2016	2017
总供水量	293.72	293.44	287.79	296.02	272.09	288.66	290.65	290.3

数据来源：《安徽省统计年鉴》。

(1) 根据原始数据序列 $X^{(0)}$，累加生成 1-AGO 序列 $X^{(1)}$。由表 8-15 可以得到 2010—2017 年安徽省总供水量的原始数据 $X^{(0)}=$[293.72，293.44，287.79，296.02，272.09，288.66，290.65，290.3]，累加生成的 1-AGO 序列：

$X^{(1)}=$[293.72，587.16，874.95，1170.97，1443.06，1731.72，2022.37，2312.67]

(2) 构建累加矩阵 $\boldsymbol{B}$ 与常数向量 $\boldsymbol{Y}_n$。

$$\boldsymbol{B}=\begin{bmatrix} -440.44 & 1 \\ -731.055 & 1 \\ -1022.96 & 1 \\ -1307.00 & 1 \\ -1587.40 & 1 \\ -1877.00 & 1 \\ -2167.50 & 1 \end{bmatrix} \qquad \boldsymbol{Y}_n=\begin{bmatrix} 293.44 \\ 287.79 \\ 296.02 \\ 272.09 \\ 288.66 \\ 290.65 \\ 290.30 \end{bmatrix}$$

(3) 用最小二乘法解灰参数 $\hat{\alpha}$：$\hat{\alpha}=\begin{bmatrix}\alpha\\ \mu\end{bmatrix}=(\boldsymbol{B}^{\mathrm{T}}\boldsymbol{B})^{-1}\boldsymbol{B}^{\mathrm{T}}\boldsymbol{Y}_n=\begin{bmatrix}0.229\\ 66.744\end{bmatrix}$

(4) 由上述计算结果可以得到 GM(1，1) 预测模型：

$$\hat{X}^{(1)}(k+1)=\left[X^{(0)}(1)-\frac{\mu}{\alpha}\right]e^{-\alpha k}+\frac{\mu}{\alpha}=293.44-296.514e^{-0.229k}$$

(5) 模型验证与误差分析。根据上述预测模型，预测安徽省每年的总供水量，并与每年的实际用水量进行对比，得出误差检验表（表8－16）。

表 8－16　安徽省总供水量实际值与预测值对比及误差检验表

年份	原始数据	拟合数值	绝对误差	相对误差(%)	关联系数 η
2010	293.720	293.720	0	0	1.0000
2011	293.440	294.745	－1.305	0.445	0.9002
2012	287.790	295.106	－7.316	2.542	0.6166
2013	296.020	295.394	0.627	0.212	0.9495
2014	272.090	295.622	－23.532	8.649	0.3300
2015	288.660	295.804	－7.144	2.475	0.6222
2016	290.650	295.949	－5.299	1.823	0.6895
2017	290.30	296.065	－5.765	1.986	0.6712

① 模型的残差检验。即：

$$平均相对误差\ \varepsilon(\text{average})=\frac{1}{n-1}\sum_{k=2}^{n}|\varepsilon(k)|=2.59\%$$

建模精度 $P_0=(1-2.59)\times100\%=97.41\%>90\%$，精度较高。

② 关联度检验。检验模型的曲线形状与原始数据曲线的形状接近的程度。

当 $\rho=0.5$，关联度 $\gamma=0.7224>0.6$，较为满意。

③ 精度检验，对模型进行后验差检验。

经计算，$S_1=6.217$，$S_2=2.443$，后验比 $c=S_2/S_1=0.353<0.5$。

小误差概率 p：$p=\{|\Delta^{(0)}(k)-\bar{\Delta}|<0.6745S_1\}=0.875>0.8$

（6）预测。经过对预测模型的检验，可知预测模型精度良好，可用于安徽省总供水量的中长期预测（表8-17）。

表8-17 2018—2025年安徽省总供水量预测值 （单位：亿立方米）

年份	2018	2019	2020	2021	2022	2025
总供水量	296.156	296.229	296.287	296.334	296.370	296.441

（四）安徽未来水资源压力预测分析

图8-1表明2018—2025年安徽省工农业用水量将有所减少，这与当前国家对生态环保的严格要求密切相关；而总供水量则逐年增长，表明安徽省从各方面保障工农业发展的资源要素需求，以实现安徽省经济不断发展。从整体来看，虽然安徽省未来几年内的工农业用水量有所下降，但占全省总供水量的比重仍超过80%。2017年安徽省工业、农业总用水量分别为92.22亿立方米、158.15亿立方米，总供水

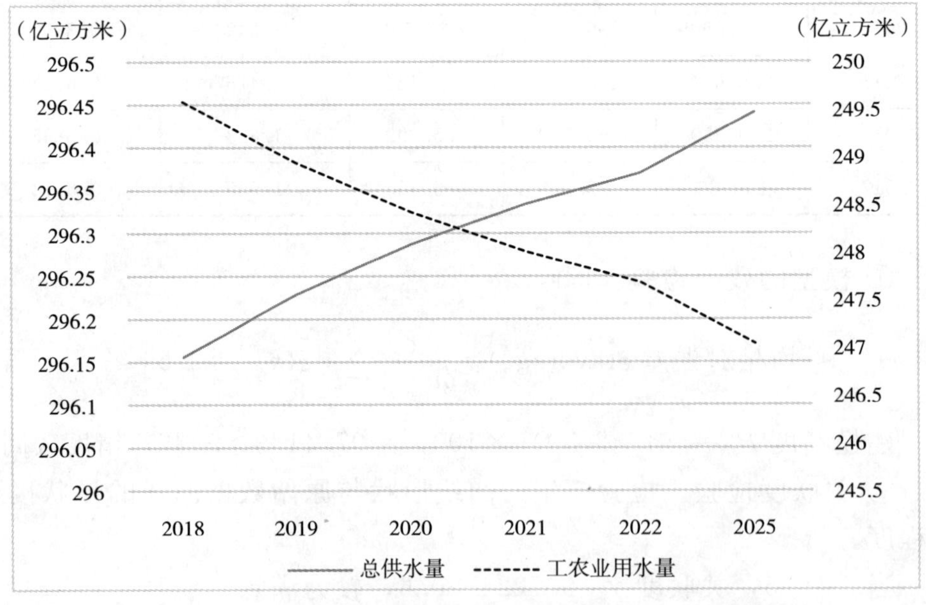

图8-1 2018—2025年安徽省总供水量及工农业用水量

注：左侧坐标轴为总供水量，右侧坐标轴为工农业用水量。

量为 290.3 亿立方米，工农业用水总量超过供水总量的 80%。安徽省农业对水资源需求的压力较大。

二、各市水资源预测分析

通过对安徽省水资源供给与工农业水资源需求量的预测可以看出，在未来一段时间内，安徽省依旧面临一定程度的水资源压力，这将极大地影响安徽省农产品加工业的发展。为进一步确定省内各市的水资源压力，根据不同城市的实际情况确定相应的应对措施，运用灰色系统预测模型对安徽省内各市水资源供给及工农业水资源需求情况进行预测，以期为今后工农业发展做准备。

（一）各市农业用水总量预测

农业用水指用于灌溉和农村牲畜的用水。农业灌溉用水量受气候、土壤、作物、耕作方法、灌溉技术以及渠系利用系数等因素的影响，存在明显的地域差异。由于各地水源条件、作物品种、耕种面积的不同，用水量也不尽相同。目前水资源问题已成为人们热衷讨论的关键问题之一，从农业用水角度探讨解决水资源危机状况，研究解决农业生产中用水严重浪费的问题，是缓解目前农业用水紧张的途径之一。党的十八大以来，随着生态文明建设深入推进，农业节水灌溉不断提速，水是农业的命脉，突破粮食生产的水资源瓶颈，根本出路在节水，各地因地制宜抓节水。

从预测数据（表 8-18）来看，到 2025 年，安徽省内农业用水量超过 10 亿立方米的城市包括：合肥、阜阳、淮南、滁州、六安、芜湖、宣城、安庆等，其中合肥市农业用水量居全省第一。分地区而言，合肥、芜湖等皖江地区的农业用水量需求较大，超过全省农业用水总量的一半，其中合肥、芜湖、安庆等地的农业用水量在全省范围内领先。皖北地区农业用水量不足全省 1/3，这并不表示皖北地区农业发展水平不好，主要原因在于皖北地区属于水资源匮乏地区，水资源供给量较少，因此在农业用水方面需要依靠技术提高水资源的利用率。

表 8－18 2018—2025 年安徽省各市农业用水总量预测

（单位：亿立方米）

年份	2018	2019	2020	2021	2022	2025
合肥	19.706	19.728	19.746	19.759	19.769	19.788
淮北	1.783	1.76	1.741	1.727	1.715	1.691
亳州	6.0424	6.007	5.976	5.953	5.934	5.897
宿州	4.886	4.859	4.838	4.820	4.807	4.780
蚌埠	10.024	9.994	9.969	9.9498	9.934	9.904
阜阳	10.413	10.351	10.301	10.260	10.227	10.161
淮南	12.499	12.263	11.925	11.652	11.309	11.007
滁州	17.743	17.797	17.839	17.872	17.899	17.950
六安	17.863	17.414	17.054	16.765	16.532	16.074
马鞍山	9.089	9.187	9.263	9.322	9.367	9.451
芜湖	11.268	11.401	11.505	11.585	11.648	11.765
宣城	10.466	10.490	10.508	10.523	10.535	10.558
铜陵	4.407	4.539	4.636	4.707	4.759	4.86
池州	4.555	4.483	4.424	4.377	4.339	4.263
安庆	14.359	14.143	13.969	13.828	13.714	13.548
黄山	2.380	2.294	2.225	2.168	2.122	2.031

（二）各市工业用水总量预测

工业用水指工业生产中直接和间接使用的水量，生产过程中的原料用水、产品处理用水、锅炉用水、冷却用水等均属于工业用水范围。与农业用水不同，工业用水量虽较大，但实际消耗量并不多，一般耗水量为其总用水量的 0.5%～10%，即有 90%以上的水量使用后经适当处理仍可以重复利用，在一定程度上做到资源利用最大化。但部分工业生产过程中会对水资源造成污染，使其重复利用难以实现。

就预测数据（表 8－19）而言，到 2025 年，安徽省内工业用水量超过 10 亿立方米的城市仅有芜湖、宣城、池州，其余地市工业用水量均在 8 亿立方米内，表明工业用水重复利用率较高，水资源循环使用效果显著。

表 8-19　2018—2025 年安徽省各市工业用水总量预测

（单位：亿立方米）

年份	2018	2019	2020	2021	2022	2025
合肥	5.068	5.062	5.057	5.053	5.049	5.044
淮北	5.068	5.062	5.057	5.053	5.049	5.044
亳州	1.662	1.791	1.894	1.975	2.039	2.089
宿州	2.125	2.158	2.184	2.205	2.222	2.263
蚌埠	2.305	2.283	2.266	2.252	2.242	2.220
阜阳	2.344	2.285	2.238	2.199	2.168	2.105
淮南	3.165	3.181	3.194	3.204	3.212	3.228
滁州	7.628	7.533	7.456	7.392	7.339	7.231
六安	2.836	2.815	2.799	2.786	2.776	2.756
马鞍山	2.568	2.527	2.494	2.467	2.446	2.415
芜湖	16.243	15.982	15.785	15.643	15.535	15.404
宣城	16.450	16.682	16.823	16.932	17.016	17.170
铜陵	2.087	2.022	1.968	1.924	1.889	1.817
池州	14.552	14.71	14.833	14.929	15.004	15.144
安庆	4.465	4.527	4.576	4.615	4.646	4.705
黄山	8.054	8.036	8.021	8.009	7.999	7.981

（三）各市总供水量预测

根据 2010—2017 年安徽省总供水情况，预测未来 5～10 年内的安徽省各市水资源供给情况，进而根据农业和工业用水情况，确定水资源供给、使用的分配情况，从而提高资源利用率，见表 8-20 所列。

表 8-20　2018—2025 年安徽省各市总供水量预测

（单位：亿立方米）

年份	2018	2019	2020	2021	2022	2025
合肥	32.564	32.851	33.076	33.251	33.389	33.646
淮北	5.025	5.034	5.042	5.047	5.052	5.061
亳州	10.541	10.525	10.512	10.502	10.494	10.478

（续表）

年份	2018	2019	2020	2021	2022	2025
宿州	10.82	10.8	10.783	10.771	10.76	10.74
蚌埠	15.234	15.205	15.182	15.163	15.148	15.119
阜阳	17.646	17.723	17.784	17.833	17.872	17.949
淮南	19.035	18.119	17.388	16.806	16.343	15.973
滁州	23.108	23.312	23.473	23.601	23.702	23.782
六安	23.42	23.33	23.24	22.29	22.505	21.94
马鞍山	33.519	33.701	33.843	33.953	34.039	34.158
芜湖	30.961	31.196	31.378	31.518	31.627	31.827
宣城	14.808	14.828	14.844	14.856	14.866	14.885
铜陵	14.569	14.701	14.804	14.885	14.946	15.034
池州	10.441	10.45	10.456	10.462	10.466	10.474
安庆	25.373	25.36	25.349	25.341	25.334	25.328
黄山	4.665	4.643	4.625	4.611	4.599	4.589

图 8-2 为 2025 年安徽各市工农业用水量占供水总量之比（预测值）。预计到 2025 年，安徽省各市的水资源情况分为三类：第一类是供水不足的地区，预计包括铜陵市和淮南市，因此该地区在未来几年内的规划需要慎重考虑，为进一步推进农业和工业发展，应该如何提高水资源的利用率，降低浪费率，实现水资源供需平衡。第二类是供水紧张区域，主要包括芜湖、蚌埠、安庆、池州、滁州、宣城、六安及亳州等城市，这些地区 2025 年预计农业用水量占供水总量的比重超过 75%，需要做好相关水资源的使用规划，避免出现供不应求的现象。第三类是供水相对宽松的区域，主要包括合肥、马鞍山、黄山、阜阳、淮北及宿州等城市，这些地区 2025 年预计农业用水量占供水总量的比重低于 75%，其中黄山仅为 56%，宿州为 65%，预测水资源供给将相对充足。

目前水资源短缺和水污染是影响部分地市乃至全省的主要问题。资料显示，我国人均淡水资源仅为世界平均水平的 1/4、在世界上名

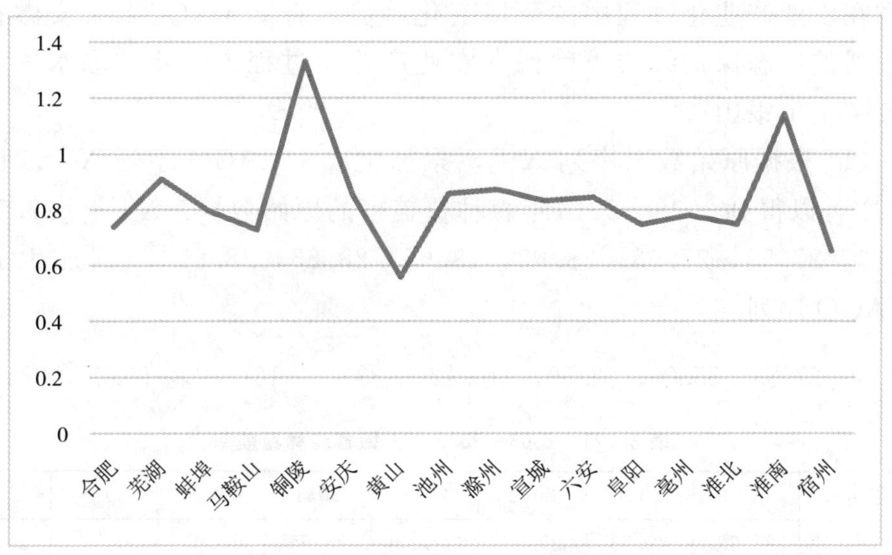

图 8-2　2025 年安徽各市工农业用水量占供水总量之比（预测值）

列 110 位，是全球人均水资源最贫乏的国家之一。安徽省内的水资源分布不均，皖南、皖江地区水资源充沛，皖北地区水资源匮乏，人均可利用的水资源量较少。农业发展需要水资源循环使用，为避免未来出现水资源不足，省内各市应实施节约用水、治理污水、多渠道开源等措施。充分利用雨水、再生的污废水、海水和空中水资源，减少城市污染的同时缓解水资源紧张的矛盾。

第四节　生态环境承载力预测及各市基本情况比较分析

一、安徽省生态环境承载力总预测分析

安徽省生态环境变化受两方面因素的影响，一是产业快速发展的影响，如农业产业化发展，对省内的生态环境存在一定的负面影响；二是环保政策的影响，“绿树青山就是金山银山”的环保理念及相关环保政策促进省内生态良性发展。农业产业化是安徽农业健康发展的必由之路，在该过程中如何平衡发展和环保是亟待解决的问题。预测安

徽省在农业产业化过程中的环境变化趋势，有助于划定未来安徽省农业发展的生态保护红线，确保在农业产业化过程中既要“绿水青山”，又要“金山银山”。

(1) 根据原始数据序列 $X^{(0)}$，累加生成 1 - AGO 序列 $X^{(1)}$。由表 8 - 21 可以得到2008—2016年森林覆盖率的原始数据：$X^{(0)}=[27.53, 27.53, 27.53, 27.53, 28.65, 28.65, 28.65, 28.65]$，累加生成的 1 - AGO 序列：

$$X^{(1)}=[27.53, 55.06, 82.59, 110.12, 138.77, 167.42, 196.07, 224.72]$$

表 8 - 21　2008—2016 年安徽省森林覆盖率　　（单位：%）

年份	2010	2011	2012	2013	2014	2015	2016	2017
森林覆盖率	27.53	27.53	27.53	27.53	28.65	28.65	28.65	28.65

数据来源：《安徽省统计年鉴》。

(2) 构建累加矩阵 $\boldsymbol{B}$ 与常数向量 $\boldsymbol{Y}_n$。

$$\boldsymbol{B}=\begin{bmatrix}-41.295 & 1\\ -68.825 & 1\\ -96.355 & 1\\ -124.45 & 1\\ -153.1 & 1\\ -181.75 & 1\\ -210.4 & 1\end{bmatrix} \qquad \boldsymbol{Y}_n=\begin{bmatrix}27.53\\ 27.53\\ 27.53\\ 28.65\\ 28.65\\ 28.65\\ 28.65\end{bmatrix}$$

(3) 用最小二乘法解灰参数 $\hat{\alpha}$：$\hat{\alpha}=\begin{bmatrix}\alpha\\ \mu\end{bmatrix}=(\boldsymbol{B}^{\mathrm{T}}\boldsymbol{B})^{-1}\boldsymbol{B}^{\mathrm{T}}\boldsymbol{Y}_n=\begin{bmatrix}0.233\\ 6.651\end{bmatrix}$

(4) 由上述计算结果可以得到 GM(1，1) 预测模型：

$$\hat{X}^{(1)}(k+1)=\left[X^{(0)}(1)-\frac{\mu}{\alpha}\right]\mathrm{e}^{-\alpha k}+\frac{\mu}{\alpha}=28.589-1.059\mathrm{e}^{-0.233k}$$

(5) 模型验证与误差分析。根据上述预测模型预测每年安徽森林覆盖率情况，并与每年的实际数量进行对比，得出误差检验表(表8-22)。

表 8-22　皖北森林覆盖率实际值与预测值对比及误差检验表

年份	原始数据	拟合数值	绝对误差	相对误差(%)	关联系数 η
2010	27.53	27.530	0	0	1
2011	27.53	27.924	−0.394	1.431	0.489
2012	27.53	28.062	−0.532	1.932	0.396
2013	27.53	28.171	−0.641	2.330	0.33
2014	28.65	28.258	0.392	1.368	0.498
2015	28.65	28.328	0.323	1.128	0.518
2016	28.65	28.381	0.269	0.938	0.743
2017	28.65	28.424	0.226	0.788	0.786

① 模型的残差检验。即：

$$\text{平均相对误差}\ \varepsilon(\text{average})=\frac{1}{n-1}\sum_{k=2}^{n}\left|\varepsilon(k)\right|=1.42\ \%$$

建模精度 $P^0=$ (1−1.42) ×100%=98.58%>90%，精度较高。

② 关联度检验。检验模型的曲线形状与原始数据曲线的形状接近的程度。

当 $\rho=0.5$，关联度 $\gamma=0.601>0.6$，较为满意。

③ 精度检验，对模型进行后验差检验。

经计算，$S_1=0.56$，$S_2=0.11$，后验比 $c=S_2/S_1=0.35<0.5$。

小误差概率 p：$p=\{|\Delta^{(0)}(k)-\bar{\Delta}|<0.6745S_1\}=1>0.80$。

(6) 预测。经过对预测模型的检验，可知预测模型精度良好，可用于安徽省今后森林覆盖率情况的中短期预测（表 8-23）。

表 8-23　2017—2025 年安徽省森林覆盖率预测值　　(单位:%)

年份	2018	2019	2020	2022	2025
森林覆盖率	28.66	28.69	28.71	28.72	28.74

安徽省森林覆盖率逐渐增长，表明省内绿化不断增强，进一步说明在农业产业化进程中，环保仍占据主要位置，并会在未来取得成效。

二、各市生态环境承载力预测分析

环保问题一直是近年来的热点问题，关系到民生、经济发展等各个领域，因此要保证经济长期稳定发展，保护环境是最基本也是最重要的条件。随着工业化的不断发展和深化，环境保护受到很大挑战，因此各市需要夯实环境基础，提高工业水平，最大程度地降低工业发展对环境的破坏。

森林覆盖率是指森林面积占土地总面积的比重，一般用百分比表示，是反映一个地区森林资源和林地占有的实际水平的重要指标。我国《森林法》规定：全国森林覆盖率要达到 30%，其中山区县一般要达到 40%以上，丘陵区县要达到 30%以上，平原区县要达到 10%以上。2018 年安徽省森林覆盖率不足 30%，需要进一步提升。

从预测数据（表 8－24）来看，到 2025 年，安徽省各市的森林覆盖率基本满足《森林法》的要求，其中黄山、池州、宣城、六安、安庆等城市的森林覆盖率在 40%以上，黄山接近 85%，为全省第一；宿州、淮北、马鞍山、芜湖、铜陵等城市的森林覆盖率达 20%以上；合肥、亳州、蚌埠、阜阳、淮南、滁州等地均在 10%以上，基本符合《森林法》的要求，但相较省内其他城市则仍有很大的进步空间，因此这些城市需要进一步重视绿化和植被种植，以缓解工业发展带来的环境问题。

表 8－24　2018—2025 年安徽各市森林覆盖率预测　（单位：%）

年份	2018	2019	2020	2021	2022	2025
合肥	14.171	14.258	14.323	14.3703	14.405	14.464
淮北	19.765	19.993	20.187	20.353	20.493	20.803
亳州	17.819	17.837	17.850	17.860	17.868	17.882
宿州	27.368	27.432	27.483	27.523	27.555	27.615

（续表）

年份	2018	2019	2020	2021	2022	2025
蚌埠	17.133	17.262	17.358	17.4296	17.483	17.574
阜阳	18.943	19.037	19.108	19.162	19.203	19.276
淮南	16.074	16.284	16.455	16.594	16.707	16.799
滁州	18.009	18.149	18.251	18.327	18.382	17.140
六安	45.618	46.45	47.076	47.546	47.900	48.167
马鞍山	19.589	19.878	20.086	20.235	20.343	20.517
芜湖	25.080	25.170	25.200	25.330	25.460	25.850
宣城	59.529	59.827	60.054	60.227	60.359	60.459
铜陵	27.239	27.481	27.675	27.831	27.955	28.200
池州	61.775	62.043	62.247	62.403	62.521	62.773
安庆	41.281	41.480	41.631	41.746	41.833	41.987
黄山	83.599	83.883	84.098	84.263	84.389	84.657

第九章 农产品加工业发展模式及借鉴

第一节 国外优势农产品加工业发展模式分析

一、人多地少耕地资源短缺型

（一）荷兰农产品加工业发展模式分析

荷兰人均农田面积有限，人口密度高达每平方千米 435 人，是典型的资源短缺型国家，通过集约化经营与自动化生产，提高其土地单位面积产量和种植高附加值农产品，成为世界第一蔬菜、花卉、乳制品出口国。

集约化经营。将农业生产逐渐向高质量的花卉、畜牧业、蔬菜等出口创汇的农产品和技术集中，专注优势领域，打造产业精品。荷兰农业分工很细，每家农场只生产一两个品种。以食用设施园艺作物为例，按种植面积排在前三位的依次为番茄、辣椒、黄瓜，三者合计占比达 79.8%。扩大农场单体量来提高农业劳动生产率，荷兰设施园艺农场（不含露地种植和牧场）的平均农地面积达 3 公顷，超大型农场达到 10 公顷以上，单个农场的年均收入是欧洲平均水平的 5 倍。

高科技加工。专用的、高度自动化的食品加工设备及符合环境要求的包装机械和包装材料，先进的食品加工技术使荷兰食品在国际市场上占有很大份额。粮食生产非常重视选用优良品种和采用机械化、现代化的栽培管理措施，养牛业和乳制品加工业普遍使用挤奶设备、储奶罐及根据乳牛产乳量用电脑控制精饲料投放等先进技术和设备。

产业链完整。强化产业链整合和分工协作，形成全产业链发展模式。荷兰政府高度重视产业链的整合与分工协作，在20世纪90年代提出并实施以创意农业产业链为核心的“链战略行动计划”，融入科学技术和文化创意因素，加强对农业产业链的协作和整合，实现市场与农户对接、合作社与农户对接和企业与农户对接的农业产业链的一体化经营模式，“农业产业链竞争能力中心”“链网、链群和信息通信技术研究中心”现已成为闻名全球的研究机构，创意农业发展迅速。近年来，荷兰政府投入约4500万美元经费，资助了60多个农业产业链和价值链试点项目。

发展订单农业。订单农业也叫合同农业或契约农业，是指农产品订购合同、协议。订单农业在通过订单明确农产品收购数量、质量、最低保护价及农产品销路的同时，根据市场需求实现农产品定制化生产，并且购买方可定期对订单执行情况进行追踪，实现产销对接。实行订单农业生产，能够有效规避价格波动和市场供求变化给生产带来的风险，也确保了公司产品的质量安全性、标准化。

市场机制健全。19世纪末，农产品拍卖在荷兰开始兴起，经不断发展完善演变成最具荷兰特色的市场制度，荷兰农产品流通基本遵循“生产者—拍卖场—批发商（连锁店）—零售（超市）—消费者”流程。“荷兰式拍卖”拍卖场由生产者建立并经营，拍卖市场中心管理局对拍卖市场进行监督管理服务，拍卖市场自主经营、自负盈亏、独立核算，采取最低价格限制保障农户的利益。现代化拍卖场结合现代科学技术和先进的管理模式，除提供储存、冷藏、标准化包装及运输等现代化配套服务及市场信息服务，还具有市场研究、销售管理、海内外促销等职能。

高度组织化。荷兰合作社通过组建加工、销售的公司，向产业链各个环节发展，按业务范围可以划分为四种类型：购买和销售投入品供应型合作社，主要提供种子、肥料、饲料订购等服务；提供农产品加工和销售服务的加工销售型合作社；服务型合作社，主要提供贷款、劳动合同、保险、会计等服务，例如专门提供金融服务的合作社——拉博银行；农户与农场通过组建合作社，以合作社的形式建立经营拍卖场。荷兰合作社专业化程度高、服务对象和服务内容集中等特点，例如从花卉的培育和选种、栽培技术、温室设备到花卉物流都有专门的花卉服务和合作社机构为花卉企业发展提供便捷的个性化服务。

（二）日本农产品加工业发展模式分析

日本农产品加工业以食品加工为主，日本食品和农产品加工业强调与农业和农村发展相结合，通过发挥本地农产品比较优势，形成了“一村一品运动”，以农协为主体的加工经营模式。

通过制定产品标准促进规模化、标准化生产。严格的质量控制和标准化的生产程序决定了日本农产品的高品质定位。在质量控制方面，日本通过不定期对农产品进行质量抽查、实行实名销售制度和完善对农产品的“身份”管理制度来强化对农产品的质量监管。对农产品进行等级管理，不同等级的农产品由不同的组织予以认证，标明不同级别的环保认证标签，不同等级的农产品在市场上的价格和受欢迎程度是有很大差距的。例如JAS规格对食用油的规定达20余项，给无法达标的小型企业设置了壁垒，促进生产加工的集中化、标准化、规模化。

高新技术、设备渗透于农产品加工的各个环节。日本在农业大县设立各自的食品研究所，企业设立自己的研究所，大学和研究所承担基础性的研究工作，企业开展参与应用性研究，政府通过政策资金支持推进新技术的应用和新产品的市场化，形成了完善的科技创新体系。新产品开发能力强，重视食品功能性成分的研究及开发利用，如对纳豆菌和纳豆激酶、豆腐乳中的皂苷医用效果研究及利用，开发出系列健康食品，现纳豆加工年产量已超过20万吨。不断加深农产品原料的综合利用度，如利用小麦或者面粉生产过程中的副产品，生产生物制品、化妆品、营养强化食品等高附加值的产品。高新技术和设备得到广泛应用，日本粮食自动干燥、大米精加工、制粉、配粉、产品品质检测等稻谷加工技术与装备属于世界领先水平。

以农协为主体的加工运行机制。日本是典型的东亚小农制模式，主要通过日本农协统筹农产品生产、加工、流通、销售等各个环节，建立农户与市场之间的联系，形成“农产品加工龙头企业＋农民＋农协模式”及“农协＋生产基地”的垂直一体化模式。如日本农协合作加工企业——大米加工贮藏中心，负责稻谷进行数量、品质等检验、分类后集中保存于稻米加工贮藏中心，再根据市场需求按数量、品种分批进行脱粒加工，实现有计划、有组织的供应。

二、人少地多劳动力短缺型——美国

加工原料供应稳定。现代化大农业为加工业提供了标准化、专用化的原料。农产品加工企业与农场主通过签订协议，根据企业加工、贸易需求实行定制化生产。采用机械化、设施化、信息化和精准化的农业集成技术，使农产品生产高度专业化、经营规模日益扩大化。

初加工设施完备。美国的农产品初加工设施与装备非常完备，几乎每个农场都建设了自己的收购、储存等初加工设施，构成了"农户烘储—区域收储—加工厂收储"的初加工设施体系。

生产、加工、销售衔接紧密。美国是典型的商业化农业大国，其农产品精深加工业是农产品生产基本环节，是一个相对独立的经济部门。在长期的发展中，形成了以合同制经营模式、合作社经营模式、农工商综合企业经营模式为主的加工业经营模式，通过合作共同对接市场，有效解决了原料生产与加工、销售脱节的问题。部分农产品可在期货交易所进行交易，通过预期价格发现引导加工企业和农场主生产。批发商通过批发市场组织销售及基地认证、品牌经营、质量监控等方式强化与农场主、加工企业的合作。

注重农业支持政策。美国联邦政府一贯重视对农业的政策支持，其农业支持政策主要以农产品价格支持和补贴为主，推进农业生产市场化、削减农业补贴，扩大农业补贴的类型和使用范围。目前美国农业政策更加突出农业保险的主导地位及农业的可持续发展政策，其保险政策包括收入保险计划、价格损失保险计划、农业风险补助计划、农业风险保障计划等多种保险计划。在贸易方面，美国设立专司政府调控职能的机构（商品信贷公司），美国进出口银行和农产品信贷公司对农产品的商业性出口给予本国出口商的卖方信贷或外国进口商买方信贷。

三、土地、劳动力适中型发展模式——法国

法国农业产量、产值均居欧洲之首，是世界上仅次于美国的第二

大农产品出口国和世界第一大农产品加工品出口国。

土地制度改革。法国于 20 世纪 20 年代开始构建以土地集中为核心的现代农村土地制度，设立“调整农业结构行动基金”，给予自愿出让农用地者、65 岁以上放弃农业经营的农民资金补贴，给予土地出租或转让财政补贴，制定对大中型农场的优惠政策，农场主的土地只允许让一个子女继承。实行“以工养农”的政策，出台财政补贴政策，鼓励青年农民从农业转移到工业及服务业投资就业，持续发放农业贷款和补贴，提供国家农民培训基金。成立财政政策支撑的土地整治和农村安置公司，农户将土地卖给安置公司，公司集中整治划分为连片现代农业农场。

品牌化发展。法国将农业标准化建设与农产品品牌战略相结合，从品牌认证出发，以质量认证为基础，从严格质量管控和政府扶持入手，制定原产地命名控制认证（AOC）、红色标签认证（LR）、生物农业标识认证（AB）、产品合格证认证（CCP）4 种农产品认证体系，通过质量认证推动农业品牌化。

原产地保护制度。专业化的区域种植，法国葡萄酒加工强调产区产地生态条件对质量的影响，根据土壤、水、光照等划分为 10 大葡萄酒优势产区，集中投入，专业化生产，产业化经营，实现葡萄品种化、基地化、区域化栽培。建立完整的葡萄酒法律与原产地保护制度，根据种植密度、葡萄的最高产量、最低的酒精含量、橡木桶的储藏时间等葡萄酒产区传统特色，将葡萄酒分为 AOC 级、VDQS 级、VDP 级和 VDT 级四个级别。产区的科学划分、酒种等级划分发挥集聚效应，促使相关企业在区内集聚发展。

构建技术设备共享模式。法国葡萄酿酒业的主要机构是由多家葡萄庄园通过股份合作制联合组建，具有严格的管理制度和合理分配方案，对葡萄庄园葡萄的种植、葡萄酒的酿造进行定期检查、生产管理指导。通过国家支持结合内部自筹的方式，每个合作社都配置压榨、发酵、窖藏和灌装等全套酿酒设备及技术设备。每个合作社都具有独具特色的酿酒工艺，打造自有葡萄酒名牌。

一体化产业化组织模式。法国农产品加工主要通过以龙头公司为组织领导者，农业资本与工商业资本相结合，实现产、供、销为一体的综合企业以及加工型农业合作社，实现专业化农业生产与市场的对接，形成了由食品生产、保鲜、储运、加工制造、销售及餐饮服务业等组成的农业产业体系，建成了由农业产前服务业、包装机械制造业、农业食品加工及食品添加剂工业以及相应的科研、信息、教育、金融服务业等组成的农业产业支持系统。例如，葡萄酒行业形成了由酿酒者协会、批发商协会、葡萄酒行业协会（由种植者和批发商联合组成）构成的行业协会组织。

第二节 国内典型地区农产品加工业发展模式分析

一、山东省农产品加工业发展模式分析

山东省是农业大省，农产品加工业发展领先于其他省份，全省规模以上农产品加工企业 14672 家，完成产值 43840 亿元，规模以上农产品加工企业主营业务约占全国 1/6。

农产品加工产业集群发展。通过振兴龙头企业，大力建设农产品基地和主导产业项目区，形成了烟台的水果加工、苍山的大蒜加工、莱阳和寿光的蔬菜加工、济阳和商河的面粉加工、莱芜的生姜加工等极具区域特色的规模化农产品加工产业格局，催生出“特色资源＋龙头企业”“公司＋农户＋科研”“产品＋原料＋企业”等多种发展模式。“特色资源＋龙头企业”模式：围绕当地特色资源，发展专业化、规模化经营，建立规模化的生产基地，形成特色农产品产业带，在资源产业带上发展龙头企业，以龙头企业带动特色资源的生产和加工规模的扩大。“公司＋农户＋科研”模式：以公司＋农户、契约＋服务、服务＋农户等合作形式把农户的分散经营与大市场相连接，延长了农业产业链。“产品＋原料＋企业”模式：根据农副产品的资源优势来发展农产品加工业，以资产为纽带进行要素重组，培育龙头产品，在原料产地的基础上形成了一批特色经济板块。

专项政策改善短板。山东省政府对农产品加工业高度重视，发布一系列农产品加工业支持政策。如 2017 年山东省人民政府办公厅印发了《关于进一步促进农产品加工业发展的实施意见》，出台了 25 项支持政策和保障措施，解决农产品加工企业融资难、用地难、引进人才难等问题；发布《关于开展农产品加工业人才农村创业创新人才休闲农业和乡村旅游人才培训行动的通知》，解决农产品加工业人才、农村创业创新人才、休闲农业和乡村旅游人才匮乏问题；发布《山东省人民政府办公厅关于加快全省智慧农业发展的意见》，为发展生产性服务业、物流业、电商产业及特色小镇建设提供支持。

二、河南省农产品加工业发展模式分析

河南省作为农业大省、农产品加工业大省，农产品加工业连续多年稳居全省第一支柱产业。河南省通过发挥地区农业优势、大力培育农业产业化集群、加大财政支持力度、深化科企合作、完善农业产业化合作机制等系列措施，推动农产品加工业持续发展。

发挥地区农业优势，河南通过持续加强特色产业培育，大农业、大特色、大产业的发展格局日益凸显，例如淮滨县作为弱筋小麦生产大县，与五粮液集团签订定向合作协议，每年向五粮液集团提供 12 万吨弱筋小麦，形成了以弱筋小麦为“头”，以“面粉—面点—休闲食品”和“白酒—包装—印刷—运输”两条产业链为翼的产业发展布局。

大力培育农业产业化集群，先后出台《河南省人民政府关于加快农业产业化集群发展的指导意见》《农业产业化集群专项行动方案》《河南省农业产业化集群认定管理办法》等政策文件，促进农产品加工业集聚发展，形成浚县粮食精深加工园区、平舆县工业集聚区、滑县产业集聚区农产品深加工业示范基地等工业园区和农产品加工示范基地。河南省自 2008 年起每年设 1 亿元农产品加工业发展专项资金，2012 年为开展培育农业产业化集群，扶持资金增加到 2 亿元。

创新农业产业化组织方式，不断强化企业与基地与农户的合作联系，形成“龙头企业＋专业合作社＋农户”“龙头企业＋基地＋农户”等发展模式，让农民从农产品增值中获取更多利益。

加强跨区域合作。河南省以科技创新提升农产品品牌价值，建立了科研协同创新机制，共建设小麦、玉米、大宗蔬菜等农产品产业技术体系 11 个，组建产业技术创新战略联盟 31 家，与高等院校、科研院所开展联合攻关项目 360 个，研发新产品 8000 多个。河南省还支持各市积极引进国内外名企名牌，如漯河市先后引进可口可乐、中粮集团等 15 家世界 500 强企业及康师傅、雨润等一批知名企业设立分厂，目前漯河市已成为全国重要的食品加工业集聚地。

第十章 皖北地区农产品加工业发展调研报告

第一节 皖北地区农产品加工业发展现状

皖北地区作为安徽省粮食主产区，农业种植和农产品加工业在全省占有一席之地。政策环境是产业长期稳定发展强有力的支撑，为更好地分析皖北地区农产品加工业现状，首先对安徽省农产品加工业发展的政策环境进行分析，并且比较安徽、河南和山东等省份的政策差异。

一、农产品加工业发展政策比较环境

（一）安徽与周边省份农产品加工业相关政策比较

国务院于 2015 年印发《推进农村一二三产业融合发展的指导意见》(国办发〔2015〕93 号)，2016 年农业部制定《全国农产品加工业与农村一二三产业融合发展规划（2016—2020 年)》，对“十三五”期间全国农产品加工业和农村一二三产业融合发展的思路目标、主要任务、重点布局、重大工程、保障措施等做出全面部署安排。这两份文件对各地农产品加工和一二三产业发展方面的政策制定起到了指导和规范作用，结合这两份文件，我们对安徽省、河南省、山东省和江苏省开展评价，主要目的为解释和说明规范是否达到衔接性、指向性、清晰性和可操作性。

表 10－1　安徽与周边省份农产品加工及一二三产业规划及其实施方案的评价

省份 \ 对比项	规划衔接性（文字重复比）	规划目标指向性	规划本地依据	规划可操作性
安徽	* * *	* *	* * *	* *
河南	* * * *	* * * * *	* * * * *	* * * * *
山东	* * *	* * * * *	* * * * *	* * * *
江苏	* * * *	* * * *	* * * *	* * * * *

注：规划衔接性主要评价规划主要要点的相互符合性，为了保证相互科学性，我们采用文字重复程度测定，同时结合专家意见；规划目标指向性主要是指本规划对本地发展是否具有引领性；规划本地依据指规划是否紧紧围绕本地发展的实际情况；规划可操作性主要指规划是不是能够具有明确的实施意图和基本路径。途中“*”代表契合度高与低；参与评价的专家主要来源于最近五年参与规划和政策研究的专家。

通过对比分析可以看出，安徽省农产品加工及一二三产业规划及其实施方案的规划衔接性、规划目标指向性、规划本地依据、规划可操作性等方面与周边省份存在较大差距，规划本地依据不足导致目标制定和规划实施与本地实际情况脱节。

（二）政策效果比较

自 2015 年国务院印发《推进农村一二三产业融合发展的指导意见》起，农业大省山东、河南及安徽先后制定相关促进农业产业化及农村一二三产业融合发展方案和规划，通过财政、税收、用电、用地、贸易等方面的政策扶持，鼓励农业产业化发展，并取得一定的进步。

如图 10－1 所示，2014—2016 年山东省、河南省及安徽省的农产品加工业产值呈递增态势，表明国务院及各省份相关农业产业化规划取得一定的成绩。但山东、河南、安徽三省规模以上农产品加工产值及结构存在明显差距。2016 年山东省规模以上农产品加工业产值达 43840 亿元，河南省规模以上农产品加工业产值达 22963 亿元，分别是安徽省的 3.8 倍和 1.99 倍；2016 年规模以上农产品加工业产值与农业产值的比值，山东省为 4.7：1，河南省为 2.94：1，安徽省仅为 2.18：1。这与地方产业布局、产业结构等方面有关。

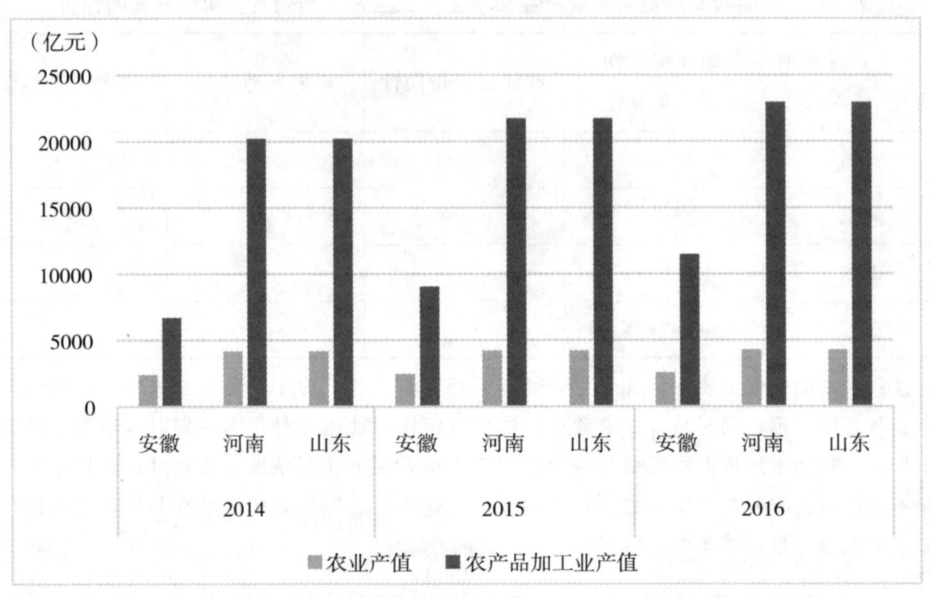

图 10－1 安徽、河南、山东农业产值及农产品加工业产值变化情况

数据来源：安徽、河南、山东的统计年鉴。

二、皖北农产品加工业发展现状分析

在推进农业供给侧结构性改革、落实农业产业化发展的要求下，皖北各市的农产品加工业取得长足发展。2017 年，皖北农产品加工业产值突破 4000 亿元，其中阜阳市和宿州市规模以上农产品加工业产值均达到 1000 亿元以上，总产值分别占全省的 10.3％和 10.2％，在全省排名第二位和第三位，其中阜阳农产品加工业产值快速提升，从 2015 年的第六位跃居至目前的第二位。2017 年淮北市规模以上农产品加工业实现产值 630 亿元，比上年增长 11.9％，增幅居全省第四位，且规模以上农产品加工业产值与农业总产值之比为 5.7∶1，居全省第一，农业产业化经营取得了明显成效。2018 年上半年，淮南市规模以上农产品加工业产值为 92.68 亿元，农产品加工业已成为全市第三大产业。亳州市围绕粮食、中药材、畜牧业等特色优势产业，组织实施主导产业推进计划，2017 年全市规模以上农产品加工业产值为 821 亿元，同比增长 15.2％，增速位居全省第二位。农产品加工业的快速发

展对皖北地区经济发展做出了较大贡献[①]。

（一）皖北农产品加工业结构布局情况分析

三产整体情况。随着农业产业化的发展，皖北地区农产品加工业取得一定发展。2017 年，皖北六市一、二、三产业增加值分别是 1169.48 亿元、3468.93 亿元、3211.76 亿元，一、二、三产业比重接近 14.9∶44.2∶40.9。第三产业占比有所提高，农业种植布局进一步优化。

三产存在的问题。皖北地区农业占比较大，工业和服务业发展不足。皖北地区农业在三产中占比较高，一方面说明皖北农业发展较好，在经济发展中发挥重要作用；另一方面说明皖北农产品加工业发展较为落后，相关服务业发展滞后，对经济的带动作用还未完全发挥。

种养业整体情况。皖北立足区域资源，发挥种养业优势，在安徽省经济发展中发挥重要作用。2017 年，谷物产量为 2106 万吨，其中以阜阳、亳州、宿州为主要谷物产区，产量分别是 567.8 万吨、483.4 万吨、350.61 万吨，占皖北地区谷物产量的 2/3[②]。中药材产量约 50 万吨，主要集中于亳州和阜阳；园林水果产量为 431.67 万吨，以宿州、蚌埠、阜阳为主产区；蔬菜产量为 1806.56 万吨，以阜阳、宿州、亳州、蚌埠为主要产区，其中阜阳蔬菜产量超过皖北地区的 1/3；大豆和花生是皖北地区的主要油料，尤其是花生，产量为 1935.5 万吨，主要集中于淮北地区，大豆主产区在蚌埠。水产品产量 56.5 万吨，主要集中于淮南、蚌埠和阜阳。地区农产品加工业以优势资源、优势产业为依托，在区域上基本形成亳州现代中药材种植加工业、沿淮小麦玉米水稻种植加工业、宿州水果种植加工业、阜阳家禽养殖加工业、淮北花生种植加工业、蚌埠水产养殖业等。

种养业存在的问题。布局不合理，如沿淮地区属于全国弱筋小麦优势产区，皖北阜南县和颍上县、淮南市凤台县和寿县、蚌埠市怀远县和五河县等均在沿淮地区，但仍是种植收益较低、种植面较广的普

① 数据来源：皖北六市上报资料整理。

② 皖北六市统计公报数据整理。

通小麦。

加工产业集聚现状。皖北地区农产品加工产业集群取得一定成效。截至目前，皖北地区已形成规模以上（年产值超亿元）加工产业集群44个，如阜阳市稻米加工、食品加工、脱水蔬菜加工、柳编加工、中药材加工等9大农产品加工产业集群，其中50亿元以上加工集群5个；蚌埠市生物质、肉类、粮油食品、乳品饮料、水产品5大加工产业集群；淮北市食品加工产业集群，2017年产值为298.5亿元，占全市食品工业总产值比重的83.4%；宿州市农业产业化集群16个，年加工产值突破400亿元。淮南市豆制品加工7大集聚区；亳州中药材、粮食、畜牧三大产业集群。产业集群发展带动各市农产品加工业发展，提高效益。

加工产业集聚效益不高。皖北地区是安徽省主要的农业产区，农业产业化集群约占全省的1/3，约是河南省农业产业集群（254个）数量的1/6。皖北农业产业化集群产值已超千亿元，单位农业产业化集群产值约24亿元，约是安徽省单位农业产业化集群产值的3/5，约是河南省单位农业产业化集群产值（45亿元）的8/15。皖北农产品加工产业集群对地区经济发展的贡献较大，但与周边地区相比仍存在较大差距。

（二）皖北农业经营主体发展情况分析

农业经营主体情况。随着农产品加工业的发展，皖北地区各类新型农业经营主体也得到了快速发展。截至目前，皖北地区共有市级以上农业产业化龙头企业2328家（宿州、亳州和阜阳分别有635家、549家和491家），其中省级以上达到277家，省级龙头企业甲级队41家，均约占全省总数的30%。现代农业产业化联合体也是加快促进农副产品加工业发展的重要载体，2017年皖北地区省示范现代农业产业化联合体共有84家。皖北地区规模以上农产品加工企业2784家，带动就业人数31万人，单位规模以上企业就业人数111人，单位规模以上企业工业总产值为1.4亿元，单位规模以上企业利润为639万元；与此同时，皖北各市其他的农业经济组织规模也在不断扩大，例如亳州市级以上示范农民合作社发展到432家，市级以上示范家庭农场发展到 261 家；蚌埠市级以上农民专业合作示范社 145 个，市级以上示范家庭农场 65 个；淮南市农产品加工园区达到 7 个，省级农业产业化示范区 3 家。皖北地区“三品一标”品牌认证总数超 1300 个。

农业经营主体存在的问题[①]。安徽省规模以上农产品加工企业 7685 家，带动就业人数 100.1 万人，单位规模以上企业就业人数约 130 人，单位规模以上企业工业总产值为 1.5 亿元，单位规模以上企业利润为 770 万元；山东省规模以上农产品加工企业 14672 家，带动就业人数 307.5 万人，单位规模以上企业就业人数约 210 人，单位规模以上企业工业总产值为 3 亿元，单位规模以上企业利润为 1723 万元；河南省规模以上农产品加工企业 8315 家，带动就业人数 230.5 万人，单位规模以上企业就业人数约 277 人，单位企业工业总产值为 2.8 亿元，单位规模以上企业利润为 2270 万元[②]。皖北地区单位规模以上企业工业总产值是山东省的 47%，是河南省的 50%；单位规模以上企业就业人数约是山东省的 53%，约为河南省的 40%；单位规模以上企业利润约是山东省的 37%，约为河南省的 28%。比较发现：皖北地区农产品深加工经营主体多而不强，对地区经济和就业的带动能力弱于山东省和河南省的企业，并且较多的企业仍处于农产品初级加工阶段，存在加工效率低、产品附加值低、技术含量低、农产品利用率低等现象。

（三）皖北地区农业配套化服务设施情况分析

随着皖北地区农产品加工业的发展，农业配套化服务设施也得到相应的完善。在农机、农业保险、农产品加工装备、农产品流通设施等方面取得一定的进步，为皖北地区农产品加工业的进一步发展奠定基础。

农业机械设备。农用机械设备数量增加，农村用电情况改善。2017 年皖北农业机械总动力（不含农用运输车）约 3600 万千瓦；农村用电量约 140 亿千瓦时，增长 12.8%。农产品初级加工动力机械和

① 数据来源：安徽、河南、山东的统计年鉴。

② 数据来源：皖北六市上报资料整理。

作用机械不断增加，加工规模不断扩大。

农业保险。农业保险受保农户数量不断增加，险种不断创新，对农业发展的保障力度不断加大。如 2017 年阜阳市农业保险共计赔付 2.82 亿元[①]，其中：中央政策性种植业赔付 16743 万元，中央政策性养殖业赔付 1043 万元，特色农产品赔付 10007.38 万元（含种植补充保险 1180 万元），创新险种赔付 460 万元。受益 130 万户，支付赔款 130 万笔，保险力度不断加大。

农产品流通设施建设。皖北地区区位优势凸显，道路四通八达，沿淮水运便利，有利于农产品及加工产品的内外流通。如亳州市，交通比较便利，京九铁路纵贯全境，311 国道、105 国道和 307 国道在市内交叉穿过，商（商丘）景（景德镇）高速公路与界阜蚌高速公路和正在建设的泗许高速将在境内穿过，四通八达的公路、铁路、水路构成便捷的交通网络，为农产品流通提供便利。但是与河南等周边地区相比，皖北地区没有大型航空物流港，缺少大型货物集散中心，不利于农产品及加工产品的对外流通。

（四）皖北地区农业金融服务体系分析

近年来，随着国家及省、市级政府对农业企业发展支持政策的完善和落实，皖北涉农企业获得政策补贴及融资问题得到改善，但从笔者调研情况来看，农业企业贷款难、融资成本高的问题仍旧突出。

政策落实助力农业企业缓解资金压力。例如宿州在全省率先安排 5000 万元市级农业产业化专项贴息资金，用于扶持农副产品加工企业发展。对当年新增竣工投产亿元以上的农产品精深加工企业，按照《安徽省人民政府关于扶持农业产业化龙头企业发展的意见》（皖政〔2013〕38 号）和《宿州市人民政府关于强力推进农业产业化加快发展的实施意见》（宿政秘〔2017〕76 号）精神，不折不扣落实 100 万元、30 万元的奖励，并实行优先安排晋级、优先安排贷款贴息、优先安排企业项目、优先享受扶持的“四个优先”政策。整合涉农资金，与社会和金融资本合作，建立 10 亿元市级农业产业化发展专项基金，

---

① 阜阳市农委 2017 年的民生工程相关数据。

制定《宿州市农业产业化专项发展基金使用方案》，引导带动社会资本和金融资源为农产品精深加工企业和重点项目提供融资支持。阜阳按照市政办《关于印发阜阳市实施双轮驱动战略促进现代农业发展的若干政策的通知》（阜政办〔2017〕4号）的要求，对全市共确定符合4号文件奖补类政策的项目单位1382家农业经营主体，兑现奖补资金2亿元，直接拉动社会资金投入近30亿元。亳州开展小微农产品加工企业“保证保险贷款”“助保金贷款”等融资需求调查，配合市金融办开展了“我要贷款”系统宣传推介，配合有关部门做好“新三板”“新四板”上市企业服务工作，着力帮助企业缓解融资难的困境。组织新型农业经营主体参加银企对接，2017年推荐需求贷款企业146家，贷款总计10亿元[①]。积极推行“532”无担保抵押保障保险贷款模式，2017年全市贷款金额3亿元。145家农业龙头企业2017年在安徽省股交中心“现代中医药及健康产业亳州专板”集中挂牌，芍花堂药业等9家涉农企业实现“新三板”上市，涉农企业直接融资达6.9亿元。

农业企业融资难、担保难的问题仍旧突出。从总体上看，农村金融仍然是整个金融体系中最为薄弱的环节，绝大多数金融资源、金融机构、金融业务集中在重点区域和城市，农村长期处于金融服务链的末端。各类经营主体的金融需求得不到有效满足。一是融资手段单一。多数企业只能通过贷款来解决资金短缺问题，但是银行对非财政背景的担保公司一般不予受理，导致企业急缺合适的贷款担保和反担保。二是企业有效担保缺乏。金融机构出于降低信贷风险的考虑，对中小企业申请贷款的条件更为严格，强调抵押、质押、保证担保的作用，只认可土地、房产等不动产抵押。但对于地处农村的中小企业而言，自建厂房及生产基地占用土地多为租赁，受现行法律政策限制，不能够作为银行贷款抵押担保，绝大多数中小企业很难达到银行的贷款条件。三是融资成本高。除贷款利息外，企业还要支付资产评估费、抵押物登记费、公证费、担保费等费用，大幅增加了贷款费用。

---

① 皖北六市上报材料整理。

第二节 皖北地区农产品加工业发展存在的问题

皖北农产品加工业虽然发展态势较好，但总体上还处在起步阶段，与全国平均水平和周边省份相比还有较大的差距，与现代农业绿色化、产业规模化、加工精深化、科技高端化、企业品牌化、服务便利化等现代化发展要求存在较大差距。

一、资源环境矛盾突出，绿色化有待加强

绿色农业发展资源趋紧，生态系统退化。根据第六章和第七章的测算，到 2022 年皖北地区规模以上农产品加工业产值将超过 5000 亿元，而皖北地区水资源相对缺乏、耕地质量有所下降、环境压力不断加大，影响了农产品产量与质量的提高，给农产品加工业发展带来了挑战。从水资源来看，皖北地区人均水资源量不及全省二分之一、不及全国四分之一，属于缺水地区，制约了皖北农业发展。从耕地来看，目前皖北部分地区的土地流转难度大，规模化种植进展不畅，农田水利基础设施不强。2017 年皖北地区粮食种植面积 379.22 万公顷，比上年减少 9.7%，种植规模迅速下降。从环保来看，农业生产长期依赖农药、化肥的使用，农业面源污染问题突出；农膜回收率、畜禽粪污处理和资源化利用率偏低。

绿色农业标准不健全，市场体系不规范。皖北地区绿色食品的技术标准分类粗糙，我国绿色食品的技术标准中，农作物类中仅有水稻有农药限量指标，蔬菜类中仅仅一小部分有果菜、叶菜农药残留量标准，绝大部分使用同一种指标。市场流通体系不完善，绿色农产品的产地分布在环境污染少的边远农村地区，消费市场集中在经济发达的城市地区，产地与销地的交通因素制约着绿色农产品市场的扩大，缺少农产品绿色通道及绿色农产品的专营网点。市场监管不到位，企业的法律意识淡薄，滥用冒用绿色农产品商标，扰乱了绿色农产品市场秩序。

二、加工能力不强，精深化需要提高

一是精深加工比例低。目前，皖北粮食加工以“面粉-面食”“粮食-酒精”等为主，水果、蔬菜、花卉等加工主要以新鲜果蔬花卉配送、果蔬罐头、脱水果蔬为主，主要农产品加工转化率约为60%，精深加工比例不足40%，均比全国平均水平低5个百分点。缺乏高纯度、功能性的高附加值产品，难以适应市场和消费升级需求，核心竞争力不强。二是加工业产值比重过小。2017年皖北农业产值约占全省的1/2，农产品加工业产值达4800亿元，仅为全省的1/3；皖北规模以上农产品加工业产值与农业产值之比为2.0∶1，低于全国2.2∶1的平均水平，更远低于山东省的4.7∶1。三是高品质农产品供给不足。由于皖北农产品储藏、保鲜、烘干、分拣等设施不足，品质难保障，农产品质量标准和检测体系也不够健全，原料供应与加工需求的矛盾突出，农产品精深加工、产业链终端产品、高附加值产品、绿色产品的比重亟待提高。

品牌建设推广力度不大。皖北地区农产品种植规模小且分散，农产品标准化供给尚未实现；缺乏统一的生产标准，不利于农产品高质量、标准化加工；区域资源利用效率不高，优势农产品精深加工不足，高附加值产品较少，不利于区域特色品牌建设。农产品推广力度有限，品牌知名度不高，影响力不大。如阜阳华诗雅蒂，作为阜阳市农业的龙头企业，华诗雅蒂实现蚕丝加工产业链全覆盖，建立桑蚕养殖、桑树种植—蚕丝加工—产品销售—物流服务的融合体系，在阜阳市家喻户晓，由于品牌推广力度不强，在其他地区的影响力较小，不利于企业发展。

三、企业“小弱散低”，规模化上有差距

皖北农产品加工企业大多属于小型初加工、粗加工企业，生产设备不精、更新换代慢、产业链条短，存在加工效率低、产品附加价值低、技术含量低、农产品利用率低等现象。2016年，皖北地区规模以上农产品加工企业平均工业总产值为1.4亿元，是山东的47%、河南

的50%；平均就业人数111人，是山东的53%、河南的40%；平均利润639万元，是山东的37%、河南的28%。产值超50亿元的只有中粮生化和古井集团，缺乏一批带动力、竞争力强大的“航母型”加工企业。皖北地区44个农业产业化集群平均产值大约只有24亿元，约是安徽省的60%。

皖北地区特色农产品有亳州中药材、宿州水果、淮南豆制品、蚌埠水产品、阜阳临泉脱水蔬菜、淮北食品加工等。这些地域特色农产品只在周边知名，领军性企业品牌和影响力强的区域公共品牌少，溢价能力差，市场开拓能力较弱。农产品质量标准体系不健全，食品安全检测中心未全面普及，品牌和标准意识落后，如临泉脱水蔬菜销往全国，但目前临泉尚未建立食品安全检测中心，不利于产品对外销售。

四、科技人才支撑不足，高端化难以实现

皖北地区农产品加工企业研发投入和人才引进不足，农产品加工产学研结合不够紧密，科研成果不多，全方位综合精深开发较少，从而导致高科技农产品加工业不多，产品竞争力不强。例如2017年亳州研发经费支出占GDP的比重约为0.5%，低于全省1.55个百分点，全市仅93家药企开展科研活动。近年来，皖北农村青壮年流失严重，职业培训滞后，乡村人才知识结构单一，经营管理人才不多，如亳州虽然通过GMP认证的企业达157家，但企业急需的研发、生产、销售、管理、检测等方面的高素质人才严重短缺，制约了企业管理水平和技术水平的提高。

区域内部技术创新有限，仅依靠本地技术研发，难以实现生产性技术水平的提高。如亳州中药材加工业，企业数量较多、规模小，多数企业以传统生产经营为主，管理和技术水平落后。部分企业自主创新意识淡薄，科研投入严重不足，与高校、科研机构的合作力度和深度不够，科技成果转化率不高，企业高端知识产权数量、有影响力的品牌不够，导致核心竞争力和综合实力不强。

第三节 皖北地区加快农产品加工业发展的政策建议

虽然皖北地区农产品加工业发展存在不少短板，但也要看到，皖北地区是我省农业传统强区，在农产品加工业方面有着巨大的发展潜力。随着经济发展进入新阶段，农产品加工业快速发展面临着难得的重大机遇，国内农产品加工业正处于快速发展的黄金期。主要表现在四个方面：一是农产品相对过剩，为农产品加工业优化结构提供了难得的调整机遇。二是人们生活水平提高，食品消费更加注重安全卫生、营养保健、方便快捷，为农产品加工业发展带来了难得的市场机遇。三是资本、技术、人才等生产要素的跨地区、跨部门、跨行业流动日趋活跃，一大批民营企业正在加快发展，为后发地区加快培育农产品加工业市场主体，创造了极为有利的合作机遇和发展动能。四是国家和省里高度重视发展农产品加工业，已经把发展农产品加工业提到了重要的战略位置，为农产品加工业加快发展提供了难得的政策机遇。

综合分析，皖北当前和今后一个时期，农产品加工业发展的主要任务应当是：围绕农产品加工业的快速发展，深入调整经济结构，发展标准化、规模化农业，健全完善相关服务体系，实现农产品生产基地化、产加销经营一体化的新突破；针对发展相对落后的现状，抓住国内农产品加工业发展面临的重大机遇，着力提高主要农产品的综合加工能力；适应国内国际农产品加工业发展出现的深刻变化，积极推进初级加工向高附加值精深加工转变，重点培育一批有较强市场竞争力的龙头企业、产业集群和品牌产品，促进一二三产业融合发展，以农产品加工业的发展助推皖北地区的崛起。

一、坚持融合发展，做大做强农产品加工业

农产品加工业涉及农业、工业及服务业领域，必须坚持一二三产业融合发展，构建农产品从田头到餐桌、从初级产品到终端消费的无缝对接，集生产、生活、生态功能于一体的产业新体系，实现从单一

产业向全链条、多功能、新业态发展的动能转换。

（一）强化规划引领，着力打造特色优势产业

根据国家和安徽省三产融合和农业产业化规划，结合皖北粮食主产区和现有农产品加工业的发展现状，制定并完善农产品加工业发展规划。注意做到“三个结合”：一是与优质原料基地建设结合，进一步调整优化农产品结构和布局，充分调动龙头企业与农民两方面的积极性，在大宗农产品和畜牧业主产区、水果等特色农产品优势区，通过引进专用品种和技术，打造一批标准化、专业化、规模化的原料生产基地。比如，阜南、颍上、凤台、寿县、怀远、五河等县均处于沿淮地区，完全可以借鉴河南的做法，改种普通小麦为弱筋小麦，实现农产品提质增效。二是与产业集群发展结合，利用各市优势资源发展优势产业，在淮北市加快食品加工业集群建设，亳州市打造中药材加工集聚中心，宿州推进园林水果加工业集群化发展，蚌埠发展高附加值生物质能，阜阳加快畜牧业规模化养殖，淮南建立豆制品加工基地，加速新产业聚集。三是与脱贫攻坚结合，支持农户发展原料生产和绿色加工，积极引进加工企业，通过发展加工业实现精准脱贫。

（二）促进农产品加工产业链均衡发展，提高农产品加工业水平

皖北农产品加工企业以初级产品为主，产品和产业雷同化严重，内部竞争激烈。一是加快提升农产品初加工水平。以粮食、油料、蔬菜、水果、中药材等为重点，支持农户改善仓储、保鲜、烘干、包装等条件，通过科技创新改进现有农产品初加工技术条件，推动农产品初级加工水平整体提升。二是积极发展精深加工。粮食加工、中药材加工等产业，要加快新型非热加工、新型杀菌、节能干燥、清洁生产等技术升级，加大生物、工程、环保、信息等技术集成应用的力度，不断挖掘农产品精深加工潜力，做好农业产后增值。三是注重农产品的综合利用。加快秸秆、麦麸等的综合利用，鼓励企业对农产品进行循环利用、全值利用和梯次利用，降低农产品深加工废物产量，促进产业绿色循环发展。

（三）建立多形式利益联结机制，激发农产品加工业发展内生动力

皖北农民专业合作经济组织和行业协会发展滞后，原料生产基地

与加工业的结合大多处于松散状态，对接机制也不健全，市场被外来产品占领的现象较为普遍。要引导龙头企业与农户联合兴办专业合作组织，探索建立行业协会，充分发挥其在技术开发、教育培训、价格协调、市场营销等方面的功能，切实保障农户和企业的合法权益。要引导农产品加工企业向前端延伸，带动农户建设原料基地向后端延伸，建设物流营销和服务网络。鼓励农产品加工企业与上下游各类市场主体组建产业联盟，与农民建立稳定的订单和契约关系，以“保底收益、按股分红”为主要形式，构建让农民分享加工流通增值收益的利益联结机制。

（四）完善配套服务能力建设，拓宽农产品加工业发展途径

皖北地区冷链技术、农产品加工机械设备、物流运输等设施相对落后，缺少与皖北农业相对应的大仓储、大物流。要加强农产品仓储物流设施建设，不断健全以县、乡、村三级物流节点为支撑的农村物流网络体系和社会服务化体系。支持围绕农产品干燥、储藏保鲜等初加工设施，建设粮食烘储加工中心、果蔬、中药材加工中心、示范基地等，培育主食加工产业集群。建立一批现代农业产业科技创新中心和农业科技创新联盟，推进资源开放共享与服务平台基地建设。创新完善农业社会化服务，大力培育经营性农业社会化服务组织，鼓励生产主体和服务主体依托产业链、供应链等广泛开展合作，形成分工协调、互利合作的发展格局。

二、突出关键环节，促进产业转型升级

随着人们消费结构、消费档次的升级以及现代装备技术、生物技术、信息技术的发展，皖北农产品加工业发展面临着广阔的空间。与此同时，也面临着资源环境约束加大、要素供应趋紧、投入成本上升等严峻挑战，皖北农产品加工业推进供给侧结构性改革、加快转型升级势在必行。

（一）注重主体培育，促进产业向集群转变

一要多渠道支持各类主体发展壮大，把握好农民工返乡创业的大趋势，用好外出务工人员技术、资本、市场渠道、管理等资源，搭建

农民工返乡创业平台，发展农产品加工业。鼓励工商资本投资，支持种养大户、家庭农场、合作社等新型农业经营主体发展加工业。二要积极培育和扶持一批竞争力强、外向度高、带动能力强的龙头企业。把农产品加工项目作为招商引资的主攻方向之一，引进一批产业关联度高、品牌知名度高、科技含量高的农产品深加工、精加工企业。三要加快产业集聚发展基地建设，围绕淮河生态经济带发展，利用优势资源发展优势产业，全力打造具有重要影响力的产业集群。四要积极探索土地流转机制，以耕地规模化、集约化加深原料供应基地化程度，有效破解农产品分散生产与集中加工的矛盾。

（二）坚持创新驱动，促进初加工向高附加值转变

一要大力支持皖北加工企业加大对新型非热加工、新型杀菌、高效分离、绿色节能干燥和传统食品工业化关键技术升级与集成应用的力度，做强高科技农产品加工产业，推动高附加值原料及中间体产业化。二要着力引导和扶持农产品加工型龙头企业，引进国内外先进技术、新工艺、新装备，鼓励有条件的企业资产重组，整合产业，开发科技含量高、产业链高端的深加工产品，提升农产品附加值。三要将农产品加工业纳入“互联网＋”现代农业行动，利用大数据、物联网、云计算、移动互联网等新一代信息技术，培育发展网络化、智能化、精细化的现代加工新模式。四要引导农产品加工业与休闲、旅游、文化、教育、科普、养生等产业深度融合，发展电子商务、生态观光、休闲度假等新业态。

（三）满足消费升级，促进产品质量向绿色安全提升

从绿色农产品发展来看，主要是实施农业标准化战略，深入推进农作物、畜禽水产养殖、屠宰标准化生产示范创建，建设一批地理标志农产品和原产地保护基地，提高标准化生产能力。要加强农产品产地的环境保护，深入开展农兽药残留超标特别是养殖业滥用抗生素治理，严厉打击违禁超限使用农兽药、非法添加和超范围超限量使用食品添加剂等行为，提高源头控制能力。从农产品质量安全看，主要是建立健全农产品质量安全风险评估、监测预警和应急处置机制，强化风险分级管理和属地责任，加大监测力度，提高风险防控能力。建立

全程可追溯、互联共享的追溯监管综合服务平台，强化“从田头到餐桌”的全程监管，保持农产品质量安全呈现总体平稳、持续向好的发展态势。

（四）适应市场需求，促进企业和产品向品牌转变

一要引导农产品加工企业积极开展“三品一标”认证活动，发挥以技术标准、健康标准、食品安全、产品标识为特点的品牌效应，打造国内国际知名的农产品加工制品。二要支持龙头企业加强品牌宣传、渠道开拓和产品促销，扶持农民专业合作社申请商标、推广品牌，使新型经营主体逐步成长为品牌建设的主力军，打造一批参与国内国际竞争、占领国内国际市场的“主力部队”。三要品牌创建要与优势区域相结合，打造区域公用品牌。四要与安全绿色相结合，打造产品品牌，使安全、优质、绿色成为皖北农产品品牌的“身份证”。要立足农业生态环境保护和建设绿色生产体系，将产品安全、资源节约、环境友好贯穿始终，将绿水青山、绿色产品融入品牌价值。

三、完善要素支撑，强化政策引导

根据皖北农产品加工业发展预测，到 2022 年农产品加工企业就业规模将达 34 万人，农村电力需求达 86 亿千瓦时，物流等生产性服务业也有相当大的发展潜力。农产品加工业具有很强的社会功能，必须从政策上给予足够支持。

（一）加强人才保障，优化金融服务

支持市级实施新型职业农民培训工程、农业经营主体带头人、现代青年农场主培育计划，加快建设知识型、技能型、创新型农业经营者队伍。以培养科技创新与推广人才、经营管理人才、企业家、职业技能人才为重点，组织和引导农业产业化龙头企业广泛开展人才培训工作。鼓励人才流动，向农业大市输送专业人才，探索省级统一管理的机制。

鼓励银行业金融机构加大信贷支持力度，为农产品生产、收购、加工、流通和仓储等各环节提供多元化的金融服务。对于发展潜力较好的加工企业，鼓励政府为企业提供信贷担保，牵头银行等金融机构

和企业间信贷合作，降低贷款利率，延长贷款期限。鼓励区域外融资租赁企业来皖北开展农业大型机械、生产加工设备、冷藏设备设施等融资租赁服务，支持符合条件的农产品加工企业优先上市融资、发行债券。积极开展农产品、企业厂房、订单抵押贷款计划，实施贷款＋保险、产业链金融等模式。

（二）加大财政扶持的力度，完善相关政策

积极落实国家对农产品加工业财政支持政策，如农机购置补贴政策、农产品产地初加工补贴政策；完善农产品加工补助政策，适当扩大补助资金规模。鼓励各市结合农产品加工业发展特色和实际，出台产业扶持相关政策，设立农业产业化发展专项资金、农产品加工业专项补贴等，提高农产品加工企业发展的积极性。

落实农产品初加工企业所得税优惠政策，降低初加工企业负担，鼓励扩大规模生产；对于农产品精深加工企业，完善落实企业技术开发费用所得税前扣除、技术改造国产设备投资抵免所得税等优惠政策；进口国内未能生产的先进设备，适当给予税收优惠。

支持农村集体经济组织以集体建设用地使用权入股、联营等形式与其他单位、个人共同兴办农产品加工企业。切实保障农产品加工用电供应，执行农业生产用电价格政策。

参考文献

[1] 金三林，张江雪．国际主要农产品价格波动的特点及影响因素——基于成分分解的方法［J］．经济纵横，2012（27）：25－32.

[2] 王少芬，赵昕东．国际农产品价格波动对国内农产品价格的影响分［J］．宏观经济研究，2012（09）：81－86.

[3] 杨静，赵军华．近10年国际农产品市场价格分析及展望［J］．农业展望，2017（05）：4－8.

[4] 戴鹏．中国农产品进口影响的实证研究［D］．北京：中国农业大学，2015.

[5] 田甜．安徽省农产品国际竞争力及影响因素研究［D］．合肥：安徽农业大学，2013.

[6] 史颖建，付滨．供给侧改革视角下甘肃省的特色农产品加工业经济竞争力研究［J］．浙江农业科学，2018，59（10）：1943－1947.

[7] 贺婉蓉．山西省农产品加工业竞争力研究［D］．晋中：山西农业大学，2016.

[8] 黄亚雯，赵邦宏．基于层次分析法的河北省农产品加工业竞争力研究［J］．黑龙江畜牧兽医，2016（06）：38－42.

[9] 王伶．湖北省农副食品加工业竞争力因子聚类分析——基于31个省（市、区）比较的视角［J］．湖北农业科学，2016，55（04）：1051－1055.

[10] 彭一峰，陈玉娥．湖南省农产品加工业竞争力的实证研究——基于省际比较视角［J］．中南林业科技大学学报（社会科学版），2014，8（01）：65－68.

[11] 王振惠．福建省九地市农产品加工业竞争力比较研究［D］．福州：福建农林大学，2013.

[12] 胡登峰，李佩莹．着力培育和发展安徽健康产业［N］．安徽日报，2016－11－10007.

[13] 于亦文，刘丹．基于因子分析的河南省农产品加工产业竞争力研究［J］．科技管理研究，2012，32（07）：87－89.

[14] 苏李．FDI对中国农产品加工业竞争力影响的实证分析——基于钻石模型与民族产业视角［J］．产经评论，2012，3（02）：16－22.

[15] 胡登峰，王丽萍．论我国新能源汽车产业创新体系建设［J］．软科学，2010，02：14－18.

[16] 曹焕光．人工神经网络原理［M］．北京：气象出版社，1992.

[17] 丁文波，王剑平．基于BP神经网络的城市区域火灾风险评估［J］．云南大学学报：自然科学版，2009（S2）：232－235.

[18] 徐国祥．统计预测与决策 [M]．上海：上海财经大学出版社，2015.

[19] 胡登峰，李博．新兴行业中产业创新联盟创新机制及产品供给 [J]．学术月刊，2013，05：97－106.

[20] 张毅，张恒奇，欧阳斌．绿色低碳交通与产业结构的关联分析及能源强度的趋势预测 [J]．中国人口．资源与环境，2014，(11)：5－9.

[21] 胡登峰，王巍．技术创新投融资金融生态环境评价指标体系的构建及应用——以安徽省为例 [J]．科技进步与对策，2012，07：142－147.

[22] 胡登峰，刘洁，程楠．新能源汽车产业创新网络的内涵、演化及其取向 [J]．重庆社会科学，2012，02：95－99.

[23] 舒服华，张冰芳．基于灰色 MGM（1，N）模型的徐州市产业经济变化预测 [J]．徐州工程学院学报（社会科学版），2017，(09)：55－59.

[24] 赵骞，王磊，王旭冉．基于产业结构转型升级的高端装备制造业用电需求趋势预测分析应用研究 [J]．电力学报，2016，(04)：155－161.

[25] 胡登峰，李丹丹．创新网络中知识转移“度”及其维度 [J]．学术月刊，2012，07：90－96.

[26] 刘广为，赵涛，米国芳．中国碳排放强度预测与煤炭能源比重检验分析 [J]．资源科学，2012，(4)：34－39.

[27] 胡登峰，王巍．安徽省各地市技术创新投融资金融生态环境评价研究 [J]．财贸研究，2012，02：120－126.

[28] 翟珊珊，段婕．区域物流产业满足用户需求预测仿真 [J]．计算机仿真，2017，(04)：436－439.

[29] 胡登峰，王巍，陈菁．安徽省技术创新投融资金融生态环境评价研究 [J]．技术经济，2011，07：42－47

[30] 胡登峰，余侃．“硅谷现象”对地方高校发展建设的启示 [J]．安徽科技，2013，05：39－40.

[31] 李金虎，戴厚平，彭思江．西南地区农作物经济可持续发展评价及预测——以湘西州茶产业为例 [J]．兰州文理学院学报（自然科学版），2017，(02)：25－29.

[32] 胡登峰，王丽萍，王巍．集群剩余模型及集群剩余的效应分析——基于“结构洞”理论的研究 [J]．华东经济管理，2010，11：70－73.

[33] 李莹华，赵云霞，孙凤茹．产业结构调整对产业、行业劳动力需求走向的总体预测[J]．城市学刊，2017，(1)：46－50.

[34] 胡登峰，张雪丽．安徽省区域投资环境评价指标体系研究 [J]．科技和产业，2012，05：46－51.

[35] 郭智强，陈强强，马丁丑，等．甘肃省农产品加工业竞争力评价研究 [J]．草业学报，2012，21 (06)：267－274.

[36] 郭岚．生态文明战略思想引领上海美丽乡村建设研究［J］．上海经济，2016（6）：75-81.

[37] 吴理财，吴孔凡．美丽乡村建设四种模式及比较——基于安吉、永嘉、高淳、江宁四地的调查［J］．华中农业大学学报（社会科学版），2014（01）：15-22.

[38] 王亚华，苏毅清．乡村振兴——中国农村发展新战略［J］．中央社会主义学院学报，2017（06）：49-55.